Christine Stelzer

Deutschlands Osten– Polens Westen

Unteres Odertal – Oderbruch – Warthebruch – Lebuser Land

steffen verlag

Tour für Grenzgänger zu Gedenkorten

4 | In und um Warthebruch und Ujście Warty

5 | Lebuser Land um Frankfurt/Oder

Grenzgänger-Tipps

6 | Ziemia Lubuska rechts der Oder

Nutzer-Hinweise

Grundsätzlich werden in den Texten aus der polnischen Grenzregion die polnischen Orts- und Straßennamen verwendet, auch um die Orientierung im Nachbarland zu erleichtern. Bei den Ortsnamen steht jeweils die deutsche Entsprechung hinter dem Schrägstrich. Weitere Eigennamen sowie Institutionen und Sehenswürdigkeiten sind jeweils nach dem Schrägstrich vom Deutschen ins Polnische übersetzt. Wie im Leben so im Buch: Ausnahmen bestätigen die Regel.

Für erste Kontakte steht im Anhang ein kleiner Sprachführer Deutsch-Polnisch zur Verfügung. Zum aktuellen und historischen Grundverständnis der Grenzsituation wurden eine Landeskunde in Stichpunkten und ein kleiner historischer Abriss der Geschichte der Grenzziehung an Oder und Neiße erarbeitet.

Die Grenzübergänge sind auf einer Karte am Ende des Reiseführers aufgelistet und markiert (Stand Frühjahr 2017).

Grenzenlos unterwegs sein

Wer an Oder und Neiße unterwegs ist, bewegt sich an einer jungen
europäischen Grenze in einem alten Kulturraum. Diese Grenze trenn-
te – mal mehr und mal weniger – über viele Jahre und diente als Symbol
der problembeladenen Geschichte Europas im 20. Jahrhundert. Heute ist
Trennendes zwischen Deutschland und Polen immer weniger spürbar,
wenn man sich als Grenzgänger das spannende, in Kultur und Menta-
lität andere Nachbarland mit Neugier und ohne Vorurteile erschließt.
Nahezu grenzenlos ist unterwegs, wer nicht nur nach alten Spuren sucht,
sondern zugleich Neues in einer Region großen Wandels entdecken
will – inzwischen hier und da miteinander verflochten und zu einer
bemerkenswerten Normalität werdend.

So kann man von der Oderstadt Schwedt aus wie einst direkt gegenüber
an den Oderhängen das wieder einladende Tal der Liebe besuchen, das
heute Dolina Miłości heißt. Im zum Internationalpark gewordenen Unteren Odertal mit den beiderseits geschützten wertvollen Naturregionen
sind Stille und Erholung Suchende per Kanu unterwegs. Eine Autofähre
mit dem symbolischen Namen »Bez Granic« (»Ohne Grenzen«) bringt
im Oderbruch an einer Stelle über den Fluss, wo es seit 1945 keine Fährverbindung mehr gab. Und eine Kleist-Route verbindet beide Teile der
Doppelstadt Frankfurt/Oder und Słubice. Man ist unterwegs in Europa.

Brücke bei Schwedt an der Oder

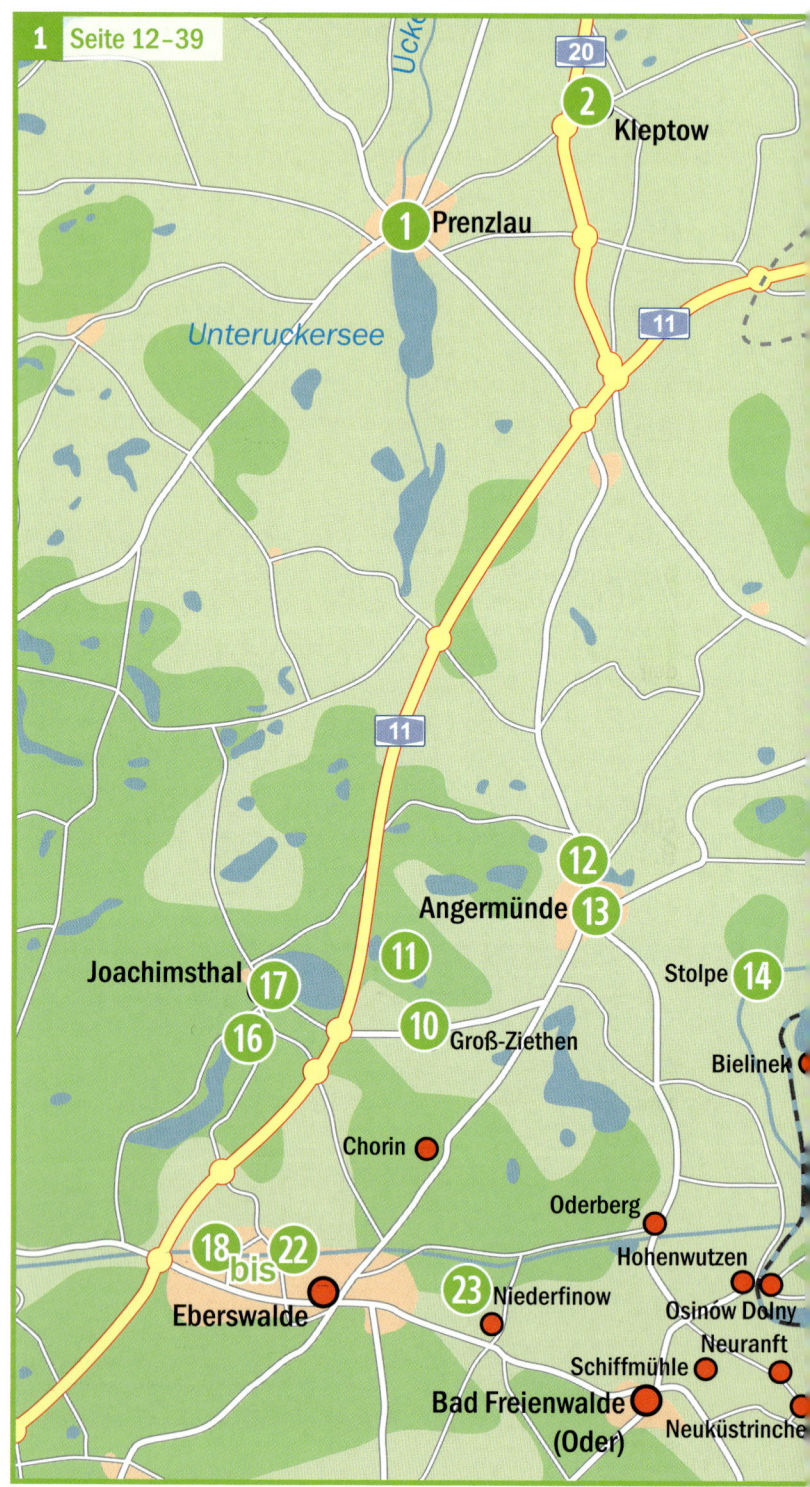

1 Seite 12–39

Kleptow

2

20

Prenzlau

1

Unteruckersee

11

11

Angermünde

12

13

Stolpe **14**

Joachimsthal **17**

11

16

10 Groß-Ziethen

Bielinek

Chorin

Oderberg

Hohenwutzen

18 bis **22**

Osinow Dolny

23 Niederfinow

Eberswalde

Neuranft

Schiffmühle

Bad Freienwalde (Oder)

Neuküstrinche

Unterwegs im Unteren Odertal

Links des Unteren Odertals

Einst verliebte sich der junge Landschaftsmaler Hans Hartig in »das herrliche Odertal« bei Gartz. Die einzigartige Flussauenlandschaft zwischen Hohensaaten und Mescherin blieb später als Grenzraum über Jahrzehnte fast unberührt. Heute geschützt als Nationalpark und Nationalparkregion Unteres Odertal ist sie Ziel vieler Naturfreunde, um beispielsweise im Herbst Kraniche und im Winter Singschwäne zu beobachten oder mit Boot und Fahrrad unterwegs zu sein. Zugleich bieten die malerischen Dörfer und kleinen Städte der Uckermark und des Barnim in Odernähe und einige Kilometer landeinwärts viel Sehenswertes.

① Marienkirche – Gotteshaus mit kunstvollen Fassaden

PRENZLAU. Aus allen Richtungen gut sichtbar ist die mächtige Prenzlauer Marienkirche mit ihren steil in den Himmel ragenden, weit über 60 Meter hohen Türmen und ihren kunstvoll gestalteten Fassaden. Baubeginn für die erste Hallenkirche Norddeutschlands und eines der bedeutendsten Gebäude der norddeutschen Backsteingotik war 1235. Einem Feldsteingebäude folgte zwischen 1289 und 1340 ein Neubau als Hallenkirche. Deren Ausmaße sind beachtlich: Das Schiff ist 55 Meter

Prenzlaus Marienkirche

lang, 28 Meter breit und 22 Meter hoch, der Dachfirst hat eine Höhe von 43 Meter. Der Turm kann bis zu einer Türmerstube über 234 Stufen bestiegen werden. Berühmtheit erlangte St. Marien, weil hier im Dezember 1632 der im Dreißigjährigen Krieg bei Lützen gefallene König von Schweden Gustav II. Adolf aufgebahrt war. Seine Witwe holte den Leichnam von Prenzlau zur Beisetzung nach Stockholm. Das Wahrzeichen der uckermärkischen Stadt brannte während des Zweiten Weltkrieges aus und wurde ab 1970 wieder aufgebaut. 1988 war die alte äußerliche Schönheit wieder hergestellt, im imposanten kargen Inneren der Kirche kündet nur noch der 1512 in Lübeck gefertigte Marienaltar von der einstigen Ausstattung. Die wertvollen Holzfiguren, Teile des Schreins und des geschnitzten Zieraufsatzes waren während des Krieges eingemauert und konnten so gerettet werden. Zum 50. Jahrestag der Zerstörung, am 25. April 1995, erhielt die Kirche für ein unwiederbringlich verloren gegangenes Glasrosetten-Fenster im Turm einen modernen Ersatz – eine so genannte Brandcollage des bekannten zeitgenössischen Glasbildners Johannes Schreiter.

i Marienkirche: Marktberg, 17291 Prenzlau, www.marienkirche.com
Öffnungszeiten und Führungen: zu erfragen über die Tourist-Information

i Tourist-Information: Marktberg 2, 17291 Prenzlau,
Tel. +49 3984-83 39 52, www.prenzlau-tourismus.de

❷ Elchfarm – Knuddeln von Riesenhirschen

KLEPTOW. Man muss nicht bis nach Skandinavien reisen, um Elche, diese Riesenhirsche mit bis zu 800 Kilogramm Gewicht, zu sehen. Das geht auch im uckermärkischen Kleptow, zehn Kilometer von Prenzlau entfernt und dicht an der A 20 gelegen. Hier hält der Landwirt Thomas Golz acht bis zehn zahme Elche und besitzt damit die südlichste Elchfarm Europas. In Skandinavien gibt es sechs solcher Farmen. Die ausgewachsenen Elche in Kleptow wurden als »Waisenkinder« per Hand aufgezogen, entweder in Zoos oder noch in Schweden. Meist hatten die Muttertiere ihre Jungen verstoßen. Mehrere jüngere Elche kamen inzwischen in Kleptow zur Welt. Die Tiere sind nicht scheu, sie nähern sich den Besuchern neugierig, können gestreichelt und geknuddelt werden. Thomas Golz bietet im Sommer Führungen in seinem zehn Hektar großen

Streicheln erlaubt

Möhren-Frühstück auf der Elchfarm

Gehege an. Ein besonderes Erlebnis ist eine Übernachtung für Kinder und Erwachsene in einer Elchhütte direkt neben dem Futterstand der Tiere. Aus ihrem Hochbett können die Kinder auf die Wiese mit den Elchen sehen, am Morgen dürfen sie bei der Fütterung von Elchen, Rentieren und Wapitis dabei sein. Auf dem Gelände sind zudem Muffel- und Damwild sowie Bisons zu beobachten. Neben diesem touristischen Programm betreibt Golz einen Landwirtschaftsbetrieb und züchtet für Tier- und Wildparks. Auch stellt er seine zahmen Tiere für Filmaufnahmen zur Verfügung.

Elchfarm: Kleptow 29, 17291 Schenkenberg/OT Kleptow,
Tel. +49 39854-3 76 49, +49 172-3 92 44 98, www.wild-golz.de
Öffnungszeiten: Juni bis August Do–So 10–17 Uhr, Führungen 10.30 und 14 Uhr

❸ Gedächtniskirche – Versöhnung über Grenzen hinweg

ROSOW. Kurz vor dem Grenzübergang bei Kołbaskowo/Kolbitzow liegt an der B 2 in der großflächigen Hügellandschaft zwischen Randower Becken und Nationalpark Unteres Odertal das kleine Dorf Rosow. Es wird dominiert von einer besonderen Kirche. Nicht nur, dass sie einen ungewöhnlichen Turm hat – die fehlende Turmspitze wurde durch eine 42 Meter hohe Stahlkonstruktion ersetzt –, sondern sie ist eine so genannte Gedächtniskirche. Am Ende des Zweiten Weltkrieges war die kleine Feldsteinkirche aus dem 13. Jahrhundert nur noch eine Ruine, an der viele deutsche Flüchtlinge aus dem Osten Richtung Westen vorbeizogen. Auf der anderen, der nun polnischen Seite der Oder mussten Polen aus der Grenzregion zur Sowjetunion eine neue Heimat finden. Das wieder aufgebaute Gotteshaus in Rosow ist heute ein Ort der Versöhnung von Polen und Deutschen und

Gemeinsame Erinnerung

Die Rosower Kirche

dient als Deutsch-Polnische Gedenkstätte für Flucht, Vertreibung und Neuanfang, in der an das bittere Schicksal sowohl von Polen als auch von Deutschen erinnert wird. Zeitzeugen von diesseits und jenseits der Oder fanden sich bereit, über ihre damaligen Erlebnisse zu sprechen. Diese sind in die Gestaltung einer Ausstellung im Turm eingeflossen.

🔲 Gedächtniskirche: 16307 Mescherin/OT Rosow
Förderverein Gedächtniskirche Rosow, Deutsch-Polnische Gedenkstätte für Flucht, Vertreibung und Neuanfang e. V., Tel. +49 33332-8 03 09, www.rosow.de; Anmeldung erforderlich

④ Kranich-Woche – Begegnungen mit den Vögeln des Glücks

GARTZ. Liebevoll werden in Gartz an der Oder, einer im Mittelalter pommerschen Feste und Hansestadt an der Grenze zu Brandenburg, noch vorhandene Teile der Stadtmauer und der Storchenturm, die teilweise wieder aufgebaute St. Stephans-kirche und das Stettiner Tor gepflegt. Die von Krieg und danach deprimierender Grenzlage gebeutelte Stadt an der Westoder nennt sich »Stadt am Rand des Unteren Odertales« und hat eine besondere, zudem grenzübergreifende Attraktion zu bieten. Gegenüber von Gartz liegt einer der größten Kranich-Schlafplätze des europäischen Binnenlandes, wo die majestätischen Vögel ab Ende August auf ihrem Zug gen Süden Zwischenstation machen. Bis zu 15 000 der so genannten Vögel des Glücks übernachten im polnischen Zwischenoderland, einer urwüchsigen Fluss-auenlandschaft zwischen Ost- und Westoder, und holen sich ihre Nahrung

An der Westoder bei Gartz

tagsüber auf den Feldern westlich von Gartz. Am Abend fliegen sie dann zurück – für Naturfreunde ein großartiges Erlebnis. In Gartz und Umgebung findet Anfang Oktober eine Kranich-Woche für die Bewohner der gesamten Region und ihre von weither angereisten Gäste statt. Dann können vom Turm der St. Stephanskirche aus die Vögel beobachtet werden, geht es auf Kanutour zu deren Schlafplätzen, veranstaltet die Naturwacht Exkursionen. Auch gibt es Lichtbildervorträge und ein Stadtfest am Kranichbrunnen.

ⓘ www.gartz.de   ⓘ www.nationalpark-unteres-odertal.eu
ⓘ www.unteres-odertal.de

❺ Gartz und Hans Hartig

GARTZ. »Das herrliche Odertal, weite Fernsicht, die Kraniche, nachts die Rohrdommel ...«, so schwärmte der Landschaftsmaler Hans Hartig von Gartz an der Oder. Der 1873 an der Ostseeküste bei Kolberg, heute Kołobrzeg, als Sohn eines protestantischen Pfarrers geborene Hartig verlebte Jugendjahre am breiten Fluss, anfangs in Stolzenhagen, heute Stołczyn, bei Stettin. Mit der Schule tat sich der künstlerisch begabte

Hans Hartig
(1873–1936)

Junge schwer, so dass er im Alter von 19 Jahren auf das Gymnasium nach Gartz wechseln musste, wo auch schwierige Schüler eine Chance bekamen. Die Zeit bis zum Abitur 1894 in der damals 4000 Einwohner zählenden Gemeinde sollte für Hartig Folgen haben. Er musste pauken, zugleich genoss er die reizvolle Landschaft des Odertales, legte sich ein Skizzenbuch

»Jahrmarkt vor dem Stettiner Tor in Gartz« von Hans Hartig, 1907

Das Stettiner Tor von Gartz mit dem Ackerbürger-Museum (rechts)

für seine Ausflüge in die Natur zu und erlebte die bislang glücklichste Zeit seines Lebens. Kurz vor seinem 21. Geburtstag bestand er ein nur schwaches Abitur und schied mit Wehmut. Doch blieb er dieser Gegend eng verbunden. Während seiner künstlerischen Ausbildung in Berlin und Dresden kehrte er im Sommer häufig nach Gartz und dort vor allem in den Gartzer Schrey zurück, einem Waldgebiet an der Oder mit dem Forsthaus im Schrey, einer legendären Gaststätte mit Gästezimmern und Anlegestelle für Ausflugsschiffe. Mit Bildern, für die er in Gartz Skizzen angefertigt hatte, kam Hans Hartig zu erstem Ruhm. Sein »Odertal« auf der Großen Berliner Kunstausstellung 1901 kaufte der preußische Staat für respektable 540 Mark. Bis 1906 entstanden die meisten von Hartigs Bildern in Gartz. Der Gartzer Schrey war zudem Zeuge seiner Treffen mit Cousine Mia Lemcke, einer jungen Lehrerin aus Schwedt, die als große Liebe des zum Einzelgängertum neigenden und Zeit seines Lebens unverheiratet gebliebenen Künstlers galt. Der 1936 verstorbene Maler von Flusslandschaften und Meeres-Motiven, von großen Städten und kleinen pommerschen Dörfern hat im Gartzer Ackerbürger-Museum am Stettiner Tor einen würdigen Platz gefunden – mit seinem Gemälde »Jahrmarkt vor dem Stettiner Tor in Gartz«, mit Lebensdaten und Fotos des alten Gymnasiums sowie aus dem Gartzer Schrey.

ℹ️ Ackerbürger-Museum: Stettiner Str. 14 a, 16307 Gartz
www.gartz.de, www.reiseland-brandenburg.de/reiseziele/uckermark
Öffnungszeiten: April bis September Di–Fr 10–17 Uhr, Sa 10–16 Uhr und So 10–12 Uhr, Oktober bis März siehe Homepages

6 Hugenottenpark – Erinnerung an Glaubensflüchtlinge

SCHWEDT. Der ehemalige Schlosspark von Schwedt mit seinen alten Bäumen ist schön zum Spazieren am Wasser, anregend durch Kunst, aufklärerisch durch erzählte Geschichte. Er befindet sich, erweitert und als Europäischer Hugenotten- park gestaltet, auf dem historischen Boden des im Zweiten Weltkrieg stark zerstörten und 1962 gesprengten Schwedter Hohenzollern-Schlosses und seiner Umgebung. Drei ineinander übergehende Gärten schmücken das Gelände zwischen den Uckermärkischen Bühnen Schwedt (ubs) und der Hohensaaten-Friedrichsthaler Wasserstraße. Der nach französischem Vorbild gestaltete Garten der Harmonie lässt die Zeit aufleben, in der durch residenzartigen Ausbau Schwedt zum »Potsdam der Uckermark« werden sollte – erkennbar noch durch ein Stück des histori- schen Parkgitters, ein Zinkmodell des Prachtbaus im Maßstab 1:33, eine im Auftrag von Friedrich Wilhelm Markgraf von Brandenburg-Schwedt entstandene Polyedrische Sonnenuhr von 1740 sowie die Plastik von Flora, Göttin der Blüte, eine Kopie nach dem Original von Carl Philipp Glume. Im Garten der Poesie zwischen ubs und Oder sowie der Freilichtbühne auf dem Wasser sind weitere nachgestaltete Glume-Plastiken zu finden. Von besonderem Interesse ist der sich anschließende Garten der Phantasie. Er nimmt sich auf originelle Weise der Geschichte der französischen Glau- bensflüchtlinge in der Uckermark an. 2000 von 20 000 nach Brandenburg- Preußen geflohene Hugenotten fanden in diesem Landstrich ein neues Zu- hause, die ersten im Jahr 1686 in Schwedt und im benachbarten Vierraden. Ein Steinerner Weg zieht sich durch den Park, die Flucht der Hugenotten

Plastik der Göttin Flora

Sitzlandschaft »Ankommen«

nach Brandenburg symbolisierend und versehen mit einem Zeit- und Ereignisstrahl. An seinem Ende erwartet die Sitzlandschaft »Ankommen«, auch »Hugenottenkreuz« genannt, den Betrachter.

ℹ️ Tourist-Information: Berliner Str. 46/48, 16303 Schwedt, Tel. +49 3332-2 55 90, www.unteres-odertal.de

❼ Schwedt und David Gilly

David Gilly
(1748–1808)

SCHWEDT. Ein bedeutender Mann wurde 1748 in Schwedt, der heute mit über 33 000 Einwohnern größten Stadt der Uckermark, geboren – David Gilly, renommierter Architekt, Stadt- und Regionalplaner sowie Baureformer. Der Sohn einer hugenottischen Familie, Réfugiés aus Südfrankreich, sollte ein bewegtes Leben führen. Der Vater war Material-warenhändler, die Eltern gehörten zur französischen Kolonie der Stadt. Dem erst 13-jährigen David vermittelten ein hiesiger Oberbaudirektor und ein Obrist ab 1761 erste praktische Grundlagen für seine spätere Tätigkeit. Schon zwei Jahre danach befasste sich der Berufsneuling mit Wasserbau, speziell mit der Urbarmachung des Warthe- und Netzebruches jenseits der Oder. David Gilly hinterließ seine Spuren als preußischer Landbaumeister in Stargard und Stettin, war Architekt von Mühlen, städtischen Wohn-häusern, Typenentwürfen von Bauern- und Kossätenhäusern, ländlichen

Am Schwedter Bollwerk, »Neptun mit 2 Seejungfrauen« von Axel Schulz

Industriebauten sowie des Innenausbaus des Stettiner Schlosses. Mit seinem Namen sind große Wasserbauprojekte verbunden, beispielsweise Meliorationsarbeiten in Westpreußen und auch bei Schwedt. Gleichzeitig begeisterte Gilly, Begründer der preußischen Bauakademie, als Lehrmeister eine ganze Generation von Architekten. Sein wohl berühmtester Schüler war Karl Friedrich Schinkel, der unter anderem Neuhardenberg am Rande des Oderbruchs mit seinen klassizistischen Bauten prägte (siehe S. 87). Preußens höchster Baubeamter Gilly hatte dem Klassizismus den Weg bereitet. Seine bekanntesten architektonischen Leistungen sind Schloss Steinhöfel, Dorf und Schloss Paretz sowie Schloss Freienwalde. Als er 1808 starb, war er verarmt – der zusammengebrochene preußische Staat konnte ihm kein Gehalt mehr zahlen.

ℹ Stadtmuseum: Jüdenstr. 17, 16303 Schwedt,
Tel. +49 3332-2 34 60, www.schwedt.eu
Öffnungszeiten: Mi–Fr 10–17 Uhr, So 14–16 Uhr

8 Mikwe – Zeugnis einstigen jüdischen Lebens

SCHWEDT. Die Jüdische Gemeinde von Schwedt hatte zu Beginn des 20. Jahrhunderts etwa 200 Mitglieder. Nicht eines von ihnen überlebte die Verfolgung durch den Nationalsozialismus. Nachdem ihre Synagoge in der Reichspogromnacht am 9. November 1938 geplündert und später abgebrochen worden war, blieben auf dem Grundstück lediglich ein unterirdisches Ritualbad (Mikwe) und das Synagogendienerhaus

Mikwe-Kuppel und Synagogendienerhaus

erhalten. Das Ende des 19. Jahrhunderts errichtete rituelle Tauchbad mit der überirdischen Kuppel aus gemauertem Backstein und das barocke Gartenhaus, wahrscheinlich das älteste erhaltene Gebäude der Stadt, wurden umfassend rekonstruiert. Das Denkmalensemble, das in seiner unverfälschten Form deutschlandweit eine Seltenheit darstellt, kann seitdem als Einrichtung des Städtischen Museums besichtigt werden. Dabei ermöglicht der Besuch des schachtartig angelegten Ritualbades Einblicke in traditionelle jüdische Reinheitsriten. Eine Ausstellung erzählt vom grausam beendeten jüdischen Leben in Schwedt während der Nazi-Zeit. In der Stadt erinnern zudem der jüdische Friedhof, das Gebäude der ehemaligen jüdischen Schule sowie messingfarbene Stolpersteine an die Mitglieder der jüdischen Gemeinde.

i Jüdisches Ritualbad: Gartenstr. 6, 16303 Schwedt,
Tel. +49 3332-2 34 60, www.schwedt.eu
Öffnungszeiten: April bis September Di 10–17 Uhr, Sa 14–17 Uhr;
Gruppenbesuche sind nach Vorabsprache auch zu anderen Terminen möglich

9 **Tabakmuseum – Wissenswertes über Nicotiana**

VIERRADEN. Schwedt, Vierraden und Gartz an der Oder bildeten einst das Zentrum des Tabakanbaus im östlichen Brandenburg. In diesen Orten stehen heute noch Scheunen und Speicher, in denen das so genannte Gold der Uckermark gelagert und getrocknet wurde. In solch einer dreigeschossigen, denkmalgeschützten Tabak-Trockenscheune ist auch das Tabakmuseum Vierraden zu finden. Auf drei Etagen und einer Fläche von 500 Quadratmeter erfährt der Besucher viel Wissenswertes über Nicotiana, lat. Tabak. Dargestellt wird, wie wichtig der Tabak für das Leben der Menschen in dieser Region war, nachdem Ende des 17. Jahrhunderts Landwirte aus der Mannheimer Gegend und sieben französische Kolonistenfamilien in Vierraden begonnen hatten, diese Pflanzen anzubauen. Deren Herkunft aus der Neuen Welt, Anbaumethoden, die Verarbeitung zu Schnupftabak sowie zu Zigaretten und Zigarren werden auf Schautafeln und in Vitrinen

Tabakblüte in Vierraden

anschaulich demonstriert. Nachdrücklich dargeboten sind zugleich Informationen über die Gefährdung der menschlichen Gesundheit durch das im Tabak enthaltene Gefäßgift Nikotin. Auf einem Schaugelände vor dem Museum blühen von Ende Juli bis September die unterschiedlichsten Tabaksorten in Rosa und Gelb, in Rot und Braun. Zum jährlichen Vierradener Tabakblütenfest leben alte Traditionen wie das Auffädeln der Tabakblätter oder die Wahl einer Tabakkönigin wieder auf. Noch um 1900 wurde in der Uckermark auf etwa 3000 Hektar Tabak angebaut, heute sind es gerade mal 75 Hektar. Auf den Feldern um Vierraden wachsen nun vor allem Sonnenblumen und Mais.

i Tabakmuseum: Breite Str. 14, 16303 Schwedt an der Oder/OT Vierraden,
Tel. +49 3332-25 09 91, www.tabakmuseum-vierraden.de
Öffnungszeiten: April bis September Do–So 10–17 Uhr und nach Vereinbarung

⑩ Geopark – Eiszeit-Reise mit Mammut Georg

GROSS ZIETHEN. Die historische Dampfmühle von Groß Ziethen wenige Kilometer vor Angermünde an der B 198 beherbergt das Besucher- und Informationszentrum des Geoparks »Eiszeitland am Oderrand«, der sich auf knapp 3500 Quadratkilometer zwischen dem Nationalpark Unteres Odertal über Prenzlau, Lychen, Wandlitz und Eberswalde bis hin nach Bad Freienwalde erstreckt. Das polnisches Pendant befindet sich in Moryń/Mohrin kurz hinter dem Grenzübergang Hohenwutzen (siehe S. 59). Die Geopark-Standorte diesseits und jenseits der Oder spiegeln die gemeinsame Eiszeit-Geschichte der Region wider, als vor 15 000 Jahren riesige Gletscher das Gebiet bedeckten und bei ihrem Rückzug vor

Begrüßung durch Mammut Georg

etwa 11 600 Jahren eine abwechslungsreiche Landschaft mit Hügeln, Schluchten, Sandgebieten, vielen Seen und beeindruckenden Findlingen hinterließen. In Groß Ziethen kann man sich auf drei Etagen – beginnend in einem Gletschertunnel, in dem das Eis knackt – auf eine unterhaltsame Reise in die Eiszeit begeben. Es gibt Hörstationen und interessante Exponate sind zu betrachten, so eine Kopie des 1977 in Sibirien gefundenen Mammutbabys Dima sowie Abbildungen von Höhlenmalereien. Außerhalb des Gebäudes steht das Maskottchen des Geoparks, das riesige Mammut Georg. Kurzweilige Ausflüge zur Steingrube Sperlingsherberge und in die Ihlowberge sind von hier aus möglich. Groß Ziethen vermittelt zudem Informationen zum berühmten Buchenwald Grumsin, der nur 900 Meter weiter beginnt (siehe unten).

ℹ️ Besucher- und Informationszentrum Geopark »Eiszeitland am Oderrand«:
Zur Mühle 51, 16247 Ziethen/OT Groß Ziethen,
Tel. +49 1573-1 35 90 23, www.geopark-eiszeitland.de
Öffnungszeiten: April bis Oktober Mi-So 10-16 Uhr,
November bis März nur auf Voranmeldung für Gruppen

⓫ Grumsin – Naturwunder Buchenwald

ANGERMÜNDE. Als ein hochkarätiges Naturwunder gilt der Buchenwald Grumsin bei Angermünde. Er wurde im Jahr 2011 mit vier weiteren deutschen Buchenwäldern – dem Nationalpark Jasmund und dem Gebiet Serrahn im Müritz-Nationalpark von Mecklenburg-Vorpommern, dem Nationalpark Hainich in Thüringen sowie dem hessische Nationalpark Kellerwald-Edersee – zum universellen Erbe der Menschheit erklärt und gehört dem UNESCO-Weltnaturerbe Buchenwald an. Der 590 Hektar große Grumsin im UNESCO-Biosphärenreservat Schorfhei-

Buchen im Herbst

In Altkünkendorf

Im urwüchsigen Grumsin

de-Chorin ist ein Totalreservat mit tiefen Senken und schroffen Höhen-
zügen, geprägt von den Endmoränen der Weichseleiszeit. Gewässer und
Moore sind mit alten Buchenbeständen regelrecht verflochten. Viele
seltene Tier- und Pflanzenarten wie Sumpf-Calla und Blauer Moorfrosch
lassen sich entdecken, da dieses Gebiet nach 1945 DDR-Staatsjagdgebiet
war und kaum noch bewirtschaftet wurde. Seit 20 Jahren überließ man
den Grumsin sich selbst. In Altkünkendorf betreut der Kultur- und
Heimatverein des Ortes im Dorfgemeinschaftshaus neben der Kirche
einen Informationspunkt zum Grumsin. Informiert wird über ihn auch
im Besucherzentrum des Geoparks »Eiszeitland am Oderrand« in Groß
Ziethen (siehe S. 23) sowie im NABU-Naturerlebniszentrum Blumberger
Mühle bei Angermünde. Der Grumsin kann nur mit einem Naturführer
erkundet werden. Es sind mehrere Führungen im Angebot, die die Gäste
in die urtümliche Landschaft des Buchenwaldes und zu geheimnisvollen
Mooren bringen. Die Tourist-Information Angermünde nimmt dafür
Anmeldungen entgegen.

🛈 Info-Punkt Weltnaturerbe Buchenwald Grumsin:
Altkünkendorfer Str. 22, 16278 Angermünde/OT Altkünkendorf,
Tel: +49 175-9 32 81 78, www.weltnaturerbe-grumsin.de
Öffnungszeiten: April bis Oktober Mi–So 10–17 Uhr

🛈 NABU-Besucherzentrum Blumberger Mühle: 16278 Angermünde/OT Kerkow,
Tel. +49 3331-2 60 40, www.blumberger-muehle.de
Öffnungszeiten: April bis Oktober Mo–So 9–18 Uhr,
November bis März Mo–So 10–16 Uhr

🛈 Tourist-Information: Brüderstr. 20, 16278 Angermünde,
Tel. +49 3331-29 76 60, www.angermuende-tourismus.de

⑫ Marktbrunnen – Kiste, Kahn und viel Komik

ANGERMÜNDE. Großen Spaß macht es, sich den origi-
nellen Marktbrunnen von Angermünde, einem der wenigen größeren Orte im Unteren Odertal, anzuschauen.
Gängige Vorstellungen bedient dieses Kunstwerk aus
Bronze nicht. Der uckermärkische Baukeramiker und
Plastiker Christian Uhlig fand eine unkonventionelle
Form, humorvoll Geschichten aus der Kleinstadt zu erzählen. Auf dem hübschen Markt steht immer etwas im
Weg: eine gelassen Mäuse zählende Katze, eine Kiste
mit Werkzeug verschiedener Gewerke, ein
Verkaufstisch mit Fischen und Gewichten,
ein Stuhl mit Gemüse, auch ein etwas hoch-
näsiges Paar, ausgestattet für den Einkauf
und ungewöhnlich bekleidet, dann schließlich
das Brunnenbecken in Gestalt eines alten,
mehrfach geflickten Kahns, aus dessen zahlreichen Löchern fröhlich Wasser sprudelt. Schön
komisch ist das. Was aber könnte es bedeuten? Einfach mal in aller Ruhe
stehen bleiben und ein bisschen nachdenken.

Christian Uhligs Brunnen vor dem Angermünder Rathaus

⑬ Angermünde/Biesenbrow und Ehm Welk

ANGERMÜNDE/BIESENBROW. Literaturfreunde wissen:
Die Kummerow-Bücher des 1884 im kleinen Biesen-
brow nördlich von Angermünde als Sohn eines Bauern
geboren Ehm Welk – »Die Lebensuhr des Gottlieb
Grambauer«, »Die Heiden von Kummerow« und »Die
Gerechten von Kummerow« – sind voller Kindheits- und
Jugenderlebnisse des Schriftstellers, der mit der Figur
des Gottlieb Grambauer seinem Vater Gottfried Welk

Ehm Welk
(1884–1966)

gleichzeitig ein Denkmal setzte. Die Trilogie begründete Welks Ruf als
volkstümlich-humoristischer Schriftsteller und sie gelangte zu Film-
ruhm. Die »Heiden von Kummerow und ihre lustigen Streiche« war
1967 eine der wenigen Gemeinschaftsproduktionen von DDR und BRD.
Die DEFA verfilmte 1982 »Die Gerechten von Kummerow«. Ehm Welk
hat zudem in seinem autobiografischen Erzählbuch »Mein Land, das
ferne leuchtet« so liebevoll wie kaum ein anderer die spröde Uckermark
beschrieben. Er bezeichnete darin seine Heimat in der Nähe von
»Randemünde« als das »leuchtende Land meiner besonnten Kindheit«.
Der Journalist und Schriftsteller verzog Anfang der 1950er Jahre nach
Bad Doberan an der Ostseeküste, das ihm Biesenbrow ähnlich schien,
und starb dort 1966. Angermünde,
sein »Randemünde«, hatte Ehm
Welk schon 1954 zum Ehrenbürger
ernannt und errichtete 1974 eine
Gedenkstätte, die aufging im
Ehm Welk- und Heimatmuseum
der Stadt. Der Heidenweg bringt
Radler und Wanderer von Angermünde nach Biesenbrow. Dort
steht etwas außerhalb des Dorfes
am Schäfereiweg 13 das privat ge-

Plastiken zu Ehm Welks »Heiden von
Kummerow« in Angermünde

nutzte Geburtshaus des Schriftstellers. Mitglieder des Landkulturvereins
»Die Erben von Biesenbrow« bieten Führungen durch den Ort an und
gehen mit Besuchern auf literarische Wanderungen.

ℹ️ Landkulturverein »Die Erben von Biesenbrow« e. V.: Heidenstr. 23,
16278 Angermünde/OT Biesenbrow, Tel. +49 33334-7 04 95,
www.landkulturverein-biesenbrow.de

ℹ️ Führungen nach telefonischer Anmeldung und auch vermittelt durch die
Tourist-Information Angermünde, Tel: +49 3331-29 76 60,
www.angermuende-tourismus.de

⑭ Grützpott – mächtigster Bergfried Deutschlands

STOLPE. In einem steil zur Oder abfallenden Gelände nordöstlich von Angermünde thront über dem Ort Stolpe der mit 18 Meter Außendurchmesser und fünf Meter dicken Mauern vermutlich mächtigste Bergfried Deutschlands, genannt der Grützpott. Ende des 12. Jahrhunderts ließen ihn pommersche Herzöge als stark befestigten Wohnturm hinein in eine slawische Wallanlage aus dem 7./8. Jahrhundert bauen. Er hat eine Höhe von 18 Meter und reicht unterhalb des Turmhügels bis in zehn Meter Tiefe. Vermutet wird, dass dänische Baumeister die Turmburg errichteten, da Pommern damals unter dänischer Herrschaft stand. Es folgte eine

Der Grützpott

lange wechselvolle Geschichte, die vorerst damit endete, dass der Turm im April 1945 drei Volltreffer der sowjetischen Artillerie abbekam, dennoch fast unbeschädigt und bis 1990 unbeachtet blieb. Seit seiner Sanierung in den Jahren 2006/2007 ist er ein viel besuchtes touristisches Ziel geworden. Individuell kann man den Wohnsaal und die Aussichtsplattform besichtigen. Zu empfehlen sind die Führungen »Vom Turmverlies bis zur Aussichtsplattform« mit einem Turmführer. Dabei ist auch zu erfahren, wie der Grützpott zu seinem Namen kam: Als die alte Burg mit dem dicken Turm ein Nest von Raubrittern war, mussten diese sich einmal

mit heißem Grützbrei gegen wütend anstürmende Bauern wehren. Der Stolper Schmied soll dabei gerufen haben »Den Grützpott wärn wir bald utschüre«, also auskratzen. Was dann auch eintraf. Die Burg zerfiel, der Turm steht immer noch und heißt bis heute Grützpott.

ℹ️ Stolper Turm: 16278 Angermünde/OT Stolpe,
Dorfverein Stolpe e. V.: Am Kanal 1, 16278 Angermünde/OT Stolpe,
Tel. +49 33338-5 28 und +49 33338-5 66, www.dorfvereinstolpe-uckermark.de
Öffnungszeiten: April bis Oktober Mi-So 10-12 Uhr und 14-16 Uhr

ℹ️ Ganzjährig Turmführungen ab 8 Personen nach telefonischer Anmeldung,
auch vermittelt durch die Tourist-Information Angermünde,
Tel: +49 3331-29 76 60, www.angermuende-tourismus.de

⑮ Nationalpark – Naturerlebnisse im Unteren Odertal

CRIEWEN. Im ehemaligen Schafstall der Schlossanlage von Criewen, einem Schwedter Ortsteil, bereitet das Besucher-Informationszentrum des Nationalparks Unteres Odertal, das Nationalparkhaus, seine Gäste auf spannende Naturerlebnisse vor. In 13 Ausstellungsbereichen wird anschaulich über Deutschlands einzigen, 1995 gegründeten und 10 500 Hektar großen Auen-Nationalpark informiert. Besondere Attraktion ist das 15 000 Liter fassende Oder-Aquarium mit über 20 einheimischen Fischarten. Eine filmische Wildnis-Präsentation bietet eine spektakuläre Vorausschau auf das Untere Odertal in etwa 100 Jahren. Den gegenwärtigen Zustand dieser faszinierenden Landschaft, einem schmalen Tal mit angrenzenden Oderhängen, kann man das ganze Jahr über erkunden. Große Gänse- und Kranichschwärme ziehen

im Herbst durch die Niederung. Im Winter herrscht tiefe Stille, lautloser Eisgang ist zu beobachten. Der Frühling lässt Vogelschwärme lärmen, im Sommer blühen in den Uferzonen Sumpf- und Wasserpflanzen. Der Oder-Neiße-Radweg führt über 60 Kilometer am Rand des Schutzgebietes entlang, weitere befestigte Wege auf den Deichen und in den Poldern sind für Radfahrer zugelassen. An den Wochen-

Auf Erkundungstour im Odertal

Paddeln im Nationalpark

Winter im Unteren Odertal

enden finden Führungen, Exkursionen und Naturerlebnis-Wanderungen statt. Touristische Höhepunkte sind die Kranich-Tage Anfang Oktober bei Gartz (siehe S. 16) sowie die Singschwan-Tage im Februar. Im Nationalpark Unteres Odertal überwintern jedes Jahr bis zu 1500 Singschwäne und locken mit ihrem Gesang die Naturfreunde nach Criewen. Zwischen Mitte Juli und Mitte November werden Kanu-Wanderungen in die einzigartige Wasserwelt angeboten, so professionell geführte Kanu-Touren der mobilen Kanustation flusslandschaft reisen.

i Nationalparkhaus, Besucher-Informationszentrum Nationalpark Unteres Odertal: Park 2, 16303 Schwedt/OT Criewen, Tel. +49 3332-2 67 72 44, www.nationalpark-unteres-odertal.de, www.unteres-odertal.de Öffnungszeiten: April bis Oktober täglich 9–18 Uhr, November bis März Fr–So 10–17 Uhr; Exkursionen/Führungen: Tel. +49 3332-2 67 72 01

i flusslandschaft reisen: Frauke de Vere Bennett, Dorfstr. 16 a, 17329 Hohenholz, Tel. +49 39746-2 28 91, Mobil +49 172-1 97 93 16, www.flusslandschaft-reisen.de

⑯ BIORAMA-Aussichtsturm – Blicke bis zur Oder

JOACHIMSTHAL. Weit geht der Blick Richtung Osten bis über die Oder. Rundum liegt eines der mit 64 580 Hektar größten zusammenhängenden Waldgebiete Deutschlands, die Schorfheide. Zu sehen ist dies alles von der öffentlich begehbaren Aussichtsplattform des Joachimsthaler Wasserturms, des so genannten BIORAMA-Aussichtsturms. Die Wortschöpfung BIORAMA verbindet das Biosphärenreservat Schorfheide-Chorin mit dem Panorama, das man vom Turm aus genießen kann. Zu dessen Plattform

Rundum-Sicht in die Schorfheide

in 123 Meter Höhe über dem Meeresspiegel gibt es zwei Zugänge: einen rot-gläsernen Aufzugsturm sowie eine Metalltreppe. Nach einem Entwurf des Berliner Architekten Frank Meilchen umschlingt letztere gleichsam den unter Denkmalschutz stehenden Wasserturm und den Aufzugsturm. Im Wasserturm selbst leben die britischen Design-Künstler Richard Hurding und Sarah Phillips, die das BIORAMA-Projekt entwickelten. Sie bezogen dabei die Weiße Villa nebenan ein, machten daraus ein Kunsthaus mit einem wie ein Spiegel glänzenden, 100 Quadratmeter großen Edelstahlmosaik auf

Der ausgebaute Wasserturm

seiner Ostfassade. Die entkernte Villa dient wechselnden Sonderausstellungen und einer ständigen Ausstellung zur Joachimsthaler Persönlichkeit Rudolf Protz, der die Villa 1897 erbauen ließ, sowie Veranstaltungen.

ℹ️ BIORAMA-Aussichtsturm: Am Wasserturm 1, 16247 Joachimsthal, Tel. +49 33361-6 49 31, +49 179-9 24 95 35, www.biorama-projekt.org Öffnungszeiten: Ostern bis Ende Oktober Do–So und an Feiertagen 11–18 Uhr

ℹ️ Tourist-Information: Töpferstr. 1, 16247 Joachimsthal, Tel. +49 33361-6 46 46, www.amt-joachimsthal.de

⑰ Kaiserbahnhof – Hörspiel-Genuss und Poetische Laternen

JOACHIMSTHAL. Der ungewöhnliche und besuchenswerte Bahnhof von Joachimsthal, ein repräsentativ ausgestattetes Fachwerkgebäude im skandinavischen Stil, ist dem »Reisekaiser« Wilhelm II. zu verdanken. Auf seinen Fahrten mit dem Salonwagen-Sonderzug zur Jagd in die Schorfheide und zum nahegelegenen Schloss Hubertusstock am Werbellinsee stiegen er und seine Reisegesellschaften am Kaiserpavillon aus oder ein und nutzten einen feinen Wartesaal. In ihm treffen sich heutzutage während der Sommerferien in Berlin/Brandenburg Hörspiel-Liebhaber, denn

Einladung zum Stehenbleiben

der Kaiserbahnhof wurde 2006 zum ersten Hörspielbahnhof Deutschlands. Zum abendlichen Programm gehören unter anderem ein Freitagsspezial und Krimis, am Nachmittag gibt es Hörspiele für Kinder. Hier finden auch Lesungen statt.

Am heutigen Regionalbahnhalt Joachimsthal-Kaiserbahnhof lässt sich zudem Wartezeit unterhaltsam verkürzen dank Poetischer Bahnhofslaternen an vier Leuchtmasten. Auf ihnen sind 16 von dem Lyriker Richard Pietraß ausgewählte und von dem Künstler Holger Barthel

Der Kaiserbahnhof von Joachimsthal

phantasievoll illustrierte literarische Texte zu lesen. Barthel hatte seine Galerie Wiegehalle direkt neben dem Bahnhof und hinterließ vielfältige künstlerische Spuren in der Schorfheide, so auch Poetische Seezeichen am Werbellinsee bei Altenhof, und darüber hinaus.

ℹ️ Kaiserbahnhof/Heimatverein Joachimsthal e.V.:
Bahnhof Werbellinsee 2, 16247 Joachimsthal,
Tel. +49 174-8 34 43 66, www.hoerspielbahnhof-joachimsthal.de
Öffnungszeiten: Fr–So und Feiertag, April/Mai 11–15 Uhr, Juni bis August
11–16 Uhr (in der Hörspielsaison 11–18 Uhr), September/Oktober 11–15 Uhr

ℹ️ Buchung von Führungen durch den Bahnhof und Kartenbestellungen für
die Hörspiele über die Tourist-Information,
Tel. +49 33361-6 46 46, www.amt-joachimsthal.de
Führungen in der Hörspielsaison jeden Sonnabend um 17 Uhr

⑱ Finowkanal – Idylle auf künstlicher Wasserstraße

EBERSWALDE. Auf und entlang der ersten künstlichen Wasserstraße Deutschlands, dem idyllischen Finowkanal mit seinen zwölf handbetriebenen Schleusen, genießen Paddler und Hobbyschiffer sowie Radler auf Treidelweg-Tour – neben vielen Sehenswürdigkeiten – üppige Natur und große Beschaulichkeit. Der die Havel mit der Oder verbindende, 31,9 Kilometer lange Kanal zwischen Zerpenschleuse und Niederfinow steht seit 2007 unter Denkmalschutz. Errichtet Anfang des 17. Jahrhunderts unter Kurfürst Joachim Friedrich und verfallen im Dreißigjährigen Krieg, wurde er unter Preußenkönig Friedrich II. mit verändertem Streckenverlauf wiederhergestellt. Als eine der wichtigsten deutschen Binnenwasserstraßen hatte er

Am Finowkanal

wesentlichen Anteil an der rasanten Entwicklung des Finowtals als Wiege der brandenburgisch-preußischen Industrie. 1914 wurde der effektivere Oder-Havel-Kanal auf der Barnimer Hochebene für die Binnenschifffahrt eröffnet, der Finowkanal regelte nun nur noch den Wasserhaushalt der Umgebung. 1972 kam der Schiffsverkehr endgültig zum Erliegen.

⑲ Goldschatz – legendärer Fund von 2,6 Kilogramm

EBERSWALDE. Der Eberswalder Goldschatz, größter vorgeschichtlicher Goldfund in Deutschland, ist legendär. Er wurde am 16. Mai 1913 bei Schachtarbeiten auf dem Gelände der Hirsch Kupfer- und Messingwerke (HKM) im heutigen Stadtteil Finow entdeckt. Zwischen den Scherben eines zertrümmerten Tonkruges schimmerte es. Es war kein Messing, wie die Arbeiter zunächst dachten, sondern Gold – 2,6 Kilogramm, 81 Teile. Vermutet wird, dass der Fund das Lager eines reichen Kaufmannes oder der Schatz einer politisch wichtigen Person war. Nachdem die Ebers-walder ihn hatten bestaunen dürfen, kam er nach Berlin. Das Königliche Völkerkundemuseum taxierte den Wert des aus Schalen, Ringen, Spiralen und Barren bestehenden Fundes damals auf 20 000 Reichsmark. Er dürfte jetzt um ein Vielfaches höher sein. Der Eberswalder Goldschatz gehört zur von der Roten Armee 1945 in die Sowjetunion verbrachten Beute-kunst, lagerte lange verschlossen im Moskauer Puschkin-Museum und wurde erstmals wieder 2013 in St. Petersburg ausgestellt. Eine hochwerti-ge Replik zeigt das Eberswalder Museum in der historischen Adler-Apo-theke, dem ältesten Fachwerkhaus der Stadt. In der Nähe des Fundortes des Goldschatzes, in der Messingwerk-Siedlung am Gustav-Hirsch-Platz,

Teile des Eberswalder Goldfundes

Stele mit Schatzkopien   Historische Adler-Apotheke

steht zudem eine Glasstele des Metallgestalters Eckhard Herrmann, in der einige Nachbildungen des Schatzes ausgestellt sind.

ℹ️ Museum in der Adler-Apotheke: Steinstr. 3, 16225 Eberswalde, Tel. +49 3334-6 45 20, www.museum-eberswalde.de, Öffnungszeiten: Di–Fr 10–13 und 14–17 Uhr, Sa 10–13 Uhr, So 13–17 Uhr

ℹ️ Tourist-Information: Museum in der Adler-Apotheke, Steinstr. 3, 16225 Eberswalde, Tel. +49 3334-6 45 20, www.eberswalde.de

⑳ Spritzkuchen – Gebäck mit regionaler Tradition

EBERSWALDE. Auf dem Bahnhof von Eberswalde steht die Bronze-Skulptur des Spritzkuchenburschen Gustav von Metallgestalter Eckhard Herrmann. Dazu gibt es folgende Geschichte: Der Berliner Konditor und Lebküchler Gustav Louis Zietemann erhielt am 23. Februar 1832 die Genehmigung, sich in Eberswalde niederzulassen. Der gebürtige Berliner brachte von seiner Wanderschaft durch Ostpreußen und Mitteldeutschland viele Rezepte mit. Als er seine Konditorei am Markt am 1. April 1832 eröffnete, hatte er für die Eberswalder eine Überraschung parat: Spritzkuchen, ein Gebäck aus in Fett frittiertem Brandteig. Ab Sommer 1842 lieferte Zietemann seine Spritzkuchen an den Bahnhof, denn dort hielten seit dem 1. August Züge der neuen Bahnlinie Berlin-Stettin. Seine Bäckerjungen liefen die Bahnsteige entlang und riefen lautstark »Eeeberswalder Spriiitzkuchennn gefällig«. Für viele Reisende in den Coupés war Eberswalde bald gleichbedeutend mit saftigen Spritzkuchen. 1945 endete die Zietemannsche Konditorei- und Kaffeehaus-Tradition

Plastik des Spritzkuchenburschen Gustav

Kaffeehaus Gustav am Markt von Eberswalde

in der Stadt. Doch sie ist wieder aufgelebt. Am Markt gibt es das Kaffeehaus Gustav, das natürlich Eberswalder Spritzkuchen anbietet.

ℹ️ Kaffeehaus Gustav, Am Markt 2 d, 16225 Eberswalde,
Tel. +49 3334-38 96 62 60, www.privatbaeckerei.wiese.de
Öffnungszeiten: im Sommer Mo–Do 7–20 Uhr, Fr–So 7–19 Uhr,
im Winter Mo und Mi–So 7–19 Uhr, Di 7–20 Uhr

21 Zoo – tierisches Vergnügen für alle

EBERSWALDE. Den Besuchern des Zoos Eberswalde wird »Ein tierisches
Vergnügen!« gewünscht, wenn sie die 15 Hektar große Anlage im Misch-
wald eines Landschaftsschutzgebietes betreten. Das ganze Jahr über können sie sich in diesem naturnah und abwechslungsreich gestalteten Zoo
an über 1500 Tieren aus fünf Kontinenten erfreuen. Neben vielfältigen
Einblicken in die Tierwelt wird zugleich für Spaß, Erholung und Bildung
der ganzen Familie gesorgt. Nicht von ungefähr kommt es, dass der
Eberswalder Zoo, 1928 als kleine bescheidene Tiersammlung begründet,
heute unter Fachleuten als der beste kleine Zoo Deutschlands gilt. Es gibt
mehrere Aussichtsplattformen und Beobachtungsmöglichkeiten in dem

Lustige Kamel-Plastik

Mitten im Löwengehege

hügeligen Gelände. Für Kinder vor allem ist es ein Riesenspaß, frei durch den Wald jagenden Affen zuzusehen, Damwild und Kängurus in ihren Gehegen zu besuchen oder in einem wirklich aufregenden Löwengehege zu sitzen und – nur durch eine Glasscheibe getrennt – die gefährlichen Raubkatzen Auge in Auge zu beobachten. Hinzu kommen interaktive Spielmöglichkeiten, Schautafeln, Lehrpavillons und dreisprachige Computer-Infotheken (in Deutsch, Englisch und Polnisch) sowie Abenteuerspielplätze mit Riesenrutsche, eine Hängebrücke und Baumhäuser.

Werbung für den Zoo

1 Tierpark: Am Wasserfall 1, 16225 Eberswalde, Tel. + 49 3334-2 27 33, www.zoo.eberswalde.de
Öffnungszeiten: ganzjährig täglich ab 9 Uhr bis zum Einbruch der Dunkelheit

22 Eberswalde und Paul Wunderlich

EBERSWALDE. Unkonventionell wurde am Markt von Eberswalde eine Baulücke mit dem Paul-Wunderlich-Haus geschlossen, einem der modernsten ökologischen Verwaltungsgebäude Deutschlands. In seinem Inneren ist auf den Rundgängen der drei Etagen eine Dauerausstellung von mehr als 300 Originalen des 1927 in Eberswalde als Sohn eines Offiziers geborenen Künstlers Paul Wunderlich zu

Paul Wunderlich
(1927–2010)

sehen. Im Innenhof stehen zwei Nachbildungen von Werken des im Ausland zu den bekanntesten deutschen Künstlern zählenden Wunderlich.

Innenhof des Paul-Wunderlich-Hauses

Skulpturen von Paul Wunderlich

Mit Grafiken, Gemälden und Skulpturen, mit außergewöhnlichem Schmuck, mit Möbeln und Porzellan wird in Eberswalde die gegenwärtig umfassendste ständige Wunderlich-Exposition Europas geboten. Wunderlich hatte die Stadt am Ende des Zweiten Weltkrieges verlassen und lebte als Maler, Zeichner, Grafiker und Bildhauer in Hamburg und in Südfrankreich.

Seine neusurrealistischen Bilder und Skulpturen widmeten sich überwiegend erotischen Themen. Dabei nahm er Impulse verschiedenster Kunstrichtungen wie Art déco und Jugendstil auf. 1960 machte ihn ein Skandal weltbekannt: Die Hamburger Staatsanwaltschaft beschlagnahmte einen erotischen lithographischen Zyklus. Die Werke des bald darauf in Frankreich Lebenden wurden nun weltweit für Sammlungen und Galerien erworben und die Académie des Beaux Arts in Paris nahm Wunderlich als einzigen deutschen Künstler auf. Dessen einstige Wahlheimat Hamburg tut sich nach wie vor schwer mit ihm. Anlässlich einer Personalausstellung kehrte Wunderlich 1997 erstmals wieder in seine Heimatstadt zurück. Der 2010 Verstorbene wurde ihr Ehrenbürger.

> **i** Paul-Wunderlich-Haus: Am Markt 1, 16225 Eberswalde,
> Tel. +49 3334-2 14 18 67, www.paul-wunderlich-stiftung.de
> Öffnungszeiten: Mo–Do 8–18 Uhr, Fr 8–15 Uhr, Sa 11–16 Uhr

㉓ Schiffshebewerk – Denkmal mit modernem Nachfolger

NIEDERFINOW. Das Schiffshebewerk Niederfinow gilt als ein außerordentliches Wahrzeichen deutscher Ingenieurbaukunst. Mit Hilfe einer bizarren Stahlkonstruktion überwinden Schiffe, die auf dem Oder-Havel-Kanal von Berlin-Spandau bis Hohensaaten und dann auf der Oder nach Szczecin/Stettin und bis zur Ostsee unterwegs sind, einen 36-Meter-Geländesprung von der Barnimer Hochebene in das Odertal hinunter. Die 1934 für den Verkehr freigegebene und damals größte Anlage im deutschen Binnenwasserstraßennetz – 82 Meter lang, 9,50 Meter breit – löste eine Treppe von vier 1972 endgültig stillgelegten Schleusen ab. Das heutige Industriedenkmal bewältigte jährlich beeindruckende 20 000 Wasserfahrzeuge.

Die Schleusung am Hebewerk ist für Besucher ein spannender Vorgang. Sie lassen sich bei Besichtigungs- und Hebefahrten, wie die Lastkähne auch, im 85 Meter langen und 12 Meter breiten Trog mit einer Wassertiefe von 2,5 Meter in jeweils 20 Minuten wie im Fahrstuhl auf und ab transportieren oder sie steigen in Serpentinen nach oben zu einer Plattform auf der Stahlkonstruktion mit Blick auf das Auf und

Modell des alten und des neuen Schiffshebewerks

Ab des Trogs und in das Odertal hinein. Von hier aus ist zugleich ein aufschlussreicher Blick auf den die Landschaft verändernden imposanten Nachfolger gleich nebenan möglich. Der Neubau – 133 Meter lang, 55 Meter hoch – liegt zwischen dem altem Hebewerk und den alten Schleusentreppen in einem neuen Kanalabschnitt. Es ist ebenfalls ein Senkrechthebewerk aus Stahlbeton und kann moderne, bis zu 114 Meter lange und 11,40 Meter breite Großschiffe mit ständig wachsenden Gütermengen in einer elf Meter tiefen Trogwanne transportieren.

ℹ️ Schiffshebewerk Niederfinow: Hebewerkstr. 52, 1624 Niederfinow
Infozentrum der Wasserstraßen- und Schifffahrtsverwaltung: Hebewerkstr. 70 a,
16248 Niederfinow, Tel. +49 33362-61 91 26, www.wsa-eberswalde.de
Öffnungszeiten: Sommerzeit 9.30–17.30 Uhr, Winterzeit 9–16 Uhr

ℹ️ **Besichtigungs- und Hebefahrten**

Fahrgastschifffahrt Neumann: Kiosk am Parkplatz Schiffshebewerk,
Tel. +49 3334-2 44 05 und +49 172-3 02 65 35, www.finowkanalschifffahrt.de

Fahrgastschifffahrt Oderberg: Bollwerk Oderberg, Tel. +49 172-5 74 24 26,
www.oder-schiff.de

Am alten Schiffshebewerk

Blick auf den Oder-Havel-Kanal

Tour für Grenzgänger im Klosterland

Brandenburgs Nordosten und der westliche Teil der Wojewodschaft West-
pommern/Województwo Zachodniopomorskie sind »Klosterland«. Zehn
Klöster und Kirchen haben sich zu einem deutsch-polnischen Netzwerk
(www.klosterland.de) zusammengeschlossen. Sechs davon lassen sich
als grenzübergreifende Klostertour in einem Rundkurs hintereinander
kennen lernen.

Dominikaner-Kloster – Stätte der Kultur

PRENZLAU. Das Dominikaner-Kloster in der uckermärkischen Kreis-
stadt Prenzlau gehört zu den besterhaltenen Klosteranlagen des 13. und
14. Jahrhunderts im deutschen Nordosten. Es war seit 1275 als erstes von
drei Klöstern in der Stadt unmittelbar hinter der Stadtmauer entstanden. Später diente es als Armenhaus, Hospital, Gefängnis, Internat und
Altersheim. Die schweren Zerstörungen Prenzlaus am Ende des Zweiten
Weltkrieges überstand die Klosteranlage unbeschadet und wurde danach
Domizil für Gesundheitseinrichtungen. Die aufwändige Sanierung nach
1990 ließ Kreuzgänge und Refektorium, Sakristei und Frauenkapelle in
alter Schönheit neu entstehen. Das einstige Kloster beherbergt heute
Kulturhistorisches Museum, Historisches Stadtarchiv und Stadtbibliothek. Auch stehen Räume für Veranstaltungen und Kunstpräsentationen
zur Verfügung. Die ehemalige Klosterkirche ist eine evangelische Kirche

Dominikaner-Kloster und Klosterkirche

mit Superintendentur. Ein kleiner Kräutergarten auf dem ehemaligen Wirtschaftshof der Dominikaner – mit Bänken, einer Harlekin-Figur des Prenzlauer Künstlers Claus Lindner und mehreren Pflanzfeldern – sowie ein kleines Café laden zum Verweilen ein.

Harlekin-Skulptur von Claus Lindner

> **i** Dominikaner-Kloster, Kulturzentrum und Museum: Uckerwiek 813, 17291 Prenzlau, Tel. +49 3984-75 22 41, www.dominikanerkloster-prenzlau.de Öffnungszeiten: Mai bis September Di–So 10–18 Uhr, Oktober bis April 10–17 Uhr

Zisterzienser-Kloster – Erstgründung östlich der Oder

KOŁBACZ/KOLBATZ. Die Denkmalanlage des einstigen Zisterzienser-Klosters im kleinen Dorf Kołbacz/Kolbatz wenige Kilometer südlich von Szczecin/Stettin ist von besonderer Bedeutung für die pommersche Kirchengeschichte. Abteien und Klöster der Zisterzienser waren im Mittelalter wichtige Zentren der Kultur, der Wissenschaft und der Medizin, sie standen für Fortschritt in Handwerk und Landwirtschaft. Und so ist auch die Geschichte des Dorfes Kołbacz eng verbunden mit der des Klosters am

Im Kircheninneren

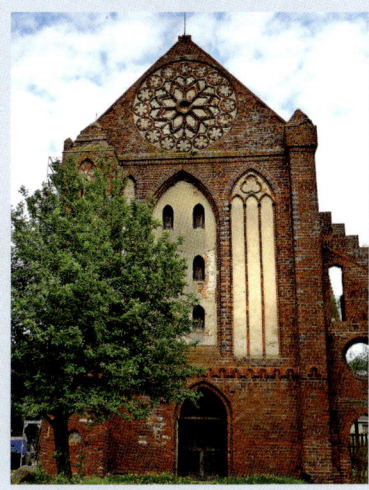

Klosterkirche Kołbacz

Ort. Ende des 12. Jahrhunderts waren dänische weiße Mönche hier ansässig geworden und errichteten mit ihrer Kirche das erste vollständig aus Backstein bestehende Gebäude in Pommern. Zudem gilt das Kloster als Erstgründung östlich der Oder. Den Mönchen gehörten 100 Jahre später 18 Dörfer und zwei Städte. Staudämme und Wassermühlen, Werkstätten und Spinnereien, Brauereien und Wirtshäuser wurden gebaut. Nach der Reformation war das Klostergelände herzogliche Domäne, die Klostergebäude selbst ließen sich die pommerschen Herzöge als Jagdschloss einrichten. Die Klosterkirche wurde zur Pfarrkirche des Dorfes. Bis heute haben sich in Kołbacz das Konversenhaus, das Abtshaus und vor allem die Zisterzienserkirche mit einem Speicher erhalten.

i Kloster Kolbatz/Klasztor Kołbacz: ul. Warcisława 8, 74-106 Kołbacz

i Pfarrei Kołbacz: Tel. +48 91-3 12 40 27

i Verein Spichlerz Sztuki/Kunstspeicher: Tel. +48 601 66 95 43
Öffnungszeiten: Besichtigung nach Absprache täglich 10–19 Uhr

Zisterzienserinnen-Kloster – heute Hotel mit Charakter

CEDYNIA/ZEHDEN. Seit über 700 Jahren überragen den kleinen Ort Cedynia/Zehden kurz hinter der Oder-Brücke bei Hohenwutzen die Mauern eines Zisterzienserinnen-Klosters, des ältesten Gebäudes des vom Grenztourismus stark geprägten Städtchens. Das Kloster war 1266 gegründet worden, dominierte über drei Jahrhunderte den Ort und

Der schöne Giebel des Klosters Cedynia

spielte eine bedeutende Rolle bei der Christianisierung der umliegenden Gebiete. Mit Reformation und Säkularisierung im 16. Jahrhundert verließen die Nonnen das Kloster, die letzten Anfang des 17. Jahrhunderts. Von der Anlage blieb über die Jahre nur ein Klosterflügel erhalten, er diente als barockes Jagdhaus für den Kurfürsten von Brandenburg und auch als königliches Postamt. Auf Zer-

Im Veranstaltungssaal

störungen folgten immer wieder Neuaufbauten, der letzte Brand im Jahr 1945 hinterließ für viele Jahre eine Ruine. Seit 1997 ist das Gebäude des Westflügels, nun in Privatbesitz, in alter Schönheit wieder entstanden und mit großem denkmalpflegerischen Aufwand zu einem stilvoll ausgestatteten Hotel geworden, in dem häufig anspruchsvolle Konzerte stattfinden.

i Kloster Zehden/Klasztor Cedynia: ul. M. Konopnickiej 10, 74-520 Cedynia, Tel. Rezeption +48 91-4 14 45 31, www.klosterzehden.de

Templer- und Johanniter-Kirche – Malereien ohne Beispiel

CHWARSZCZANY/QUARTSCHEN. Im 13. Jahrhundert beherrschten die Tempelritter das Land zwischen Oder/Odra, Warthe/Warta und Mitzel/Myśla. Davon zeugt eine Kirche auf einer kleinen Anhöhe in Chwarszczany/Quartschen zwischen Mieszkowice/Bärwalde und Kostrzyn/Küstrin. Sie liegt neben dem ehemaligen Wirtschaftshof der Templer und Johanniter. Letztere hatten die Tempelritter-Komturei 1318 übernommen und zu ihrer Ordensniederlassung, einer Kommende, gemacht. Die wuchtige gotische Backstein-Hallenkirche, in die bei ihrer Umgestaltung durch die Johanniter die Granitsteinbasis

Die Kirche der Templer und Johanniter

und die Fassade einer älteren romanischen Kapelle der Tempelritter integriert wurden und die auch als Verteidigungsbauwerk diente, ist in ihrer damaligen Form erhalten geblieben und gehört zu den wichtigsten Architekturdenkmälern Polens. Besonders wertvoll sind mittelalterliche Malereien in ihrem Inneren. Ein über 2,5 Meter hoher Gemäldestreifen läuft fast über alle Innenwände, er gilt als einzigartig in ganz Europa. Mehrfach wurde er übermalt und wieder freigelegt, so auch 1997. Es folgte eine sorgfältige konservatorische Behandlung, die die Malereien vor Feuchtigkeit schützt. Auf dem umliegenden Gelände entstand 2005 ein Kulturpark, hier finden Ausstellungen, Konzerte und Feste statt.

i Kirche der Templer und Johanniter: Chwarszczany, 74-407 Boleszkowice, www.chwarszczany.pl, Besichtigungen nach Absprache mit der Pfarrei Sarbinowo: Tel. +48 95-76 51 79

Zisterzienser-Kloster – Denkmal erster Güte

CHORIN. Das einstige Zisterzienser-Kloster Chorin nördlich von Ebers-walde ist die wohl bekannteste Klosterruine zwischen Elbe und Oder. Die Anlage mit ihrem berühmten, aus handgestrichenen Ziegeln gefertigten Westgiebel gilt als ein Architekturdenkmal erster Güte. Gestiftet 1258 von den Markgrafen von Brandenburg Johann I. und Otto III., war der Bau um 1300 vollendet. Zum Kloster gehörten 13 komplette Dörfer und Besitz in weiteren Dörfern, zehn Seen sowie die Fischerei in Oderberg und mehrere Mühlen. Seiner Auflösung 1542 folgten Plünderungen im Dreißigjährigen Krieg und das Abtragen ganzer Gebäudeteile. Im 19. Jahrhundert kam es zu einer gewissen Erhaltung und Rekonstruktion

Im Innenhof des Klosters Chorin

nach Vorschlägen von Preußens berühmten Architekten Karl Friedrich Schinkel, denn die königliche Familie hatte die ehemalige Zisterzienser-Abtei als Denkmal von nationaler Bedeutung begriffen. In den Klosterräumen finden heutzutage ständig wechselnde Ausstellungen statt. Der alljährliche Choriner Musiksommer ist weithin bekannt für seine hochkarätigen Kulturveranstaltungen.

ℹ Kloster Chorin: Amt Chorin 11 a, 16230 Chorin, Tel. +49 33366-7 03 77, www.kloster-chorin.org
Öffnungszeiten: täglich, April bis Oktober 9–18 Uhr, November bis März 10–16 Uhr

Franziskaner-Klosterkirche – Ort für Blues und Jazz

ANGERMÜNDE. Im Südosten der Altstadt von Angermünde liegt sein Kulturzentrum – die einstige Klosterkirche der Franziskaner vom Ende des 13. Jahrhunderts und hervorragendes Beispiel norddeutscher Bettelorden-Gotik. Heute dient sie als Veranstaltungssaal für Ausstellungen, Theateraufführungen, für Blues- und Jazz-Konzerte. Die 30 Meter lange Backstein-Hal-

Klosterkirche Angermünde

lenkirche mit ihren hohen Spitzbogenfenstern beeindruckt durch Reste von Wandmalereien aus ihrer Gründerzeit, ein reich verziertes Gewölbe in der Sakristei und einen nur noch selten anzutreffenden Backstein-Lettner, der Langhaus und Chor trennt. Mit der Franziskaner-Klosterkirche verbindet sich auch ein Stück besonderer Ortsgeschichte. Angermünde wurde im 14. Jahrhundert die »Stadt der Häretiker«, der Ketzer, genannt – wegen der religiösen Splittergruppe der Waldenser, die sich hier ihr nordeuropäisches Zentrum geschaffen hatten, exkommuniziert worden waren und von der päpstlichen Inquisition bedroht wurden. Die Franziskaner-Mönche verfolgten die Abweichler vom Glauben in ihrer Nähe. Und so kam es 1338 auf dem Marktplatz des Ortes zu einer öffentlichen Verbrennung von 14 Ketzern.

ℹ Kulturzentrum Klosterkirche Angermünde: Klosterstr. 43 a, 16278 Angermünde, Tel. (Stadtverwaltung) +49 3331-26 00 93, www.angermuende.de
Öffnungszeiten: Mai bis September Mo–Fr 10–16 Uhr, Sa/So und Feiertage 13–17 Uhr

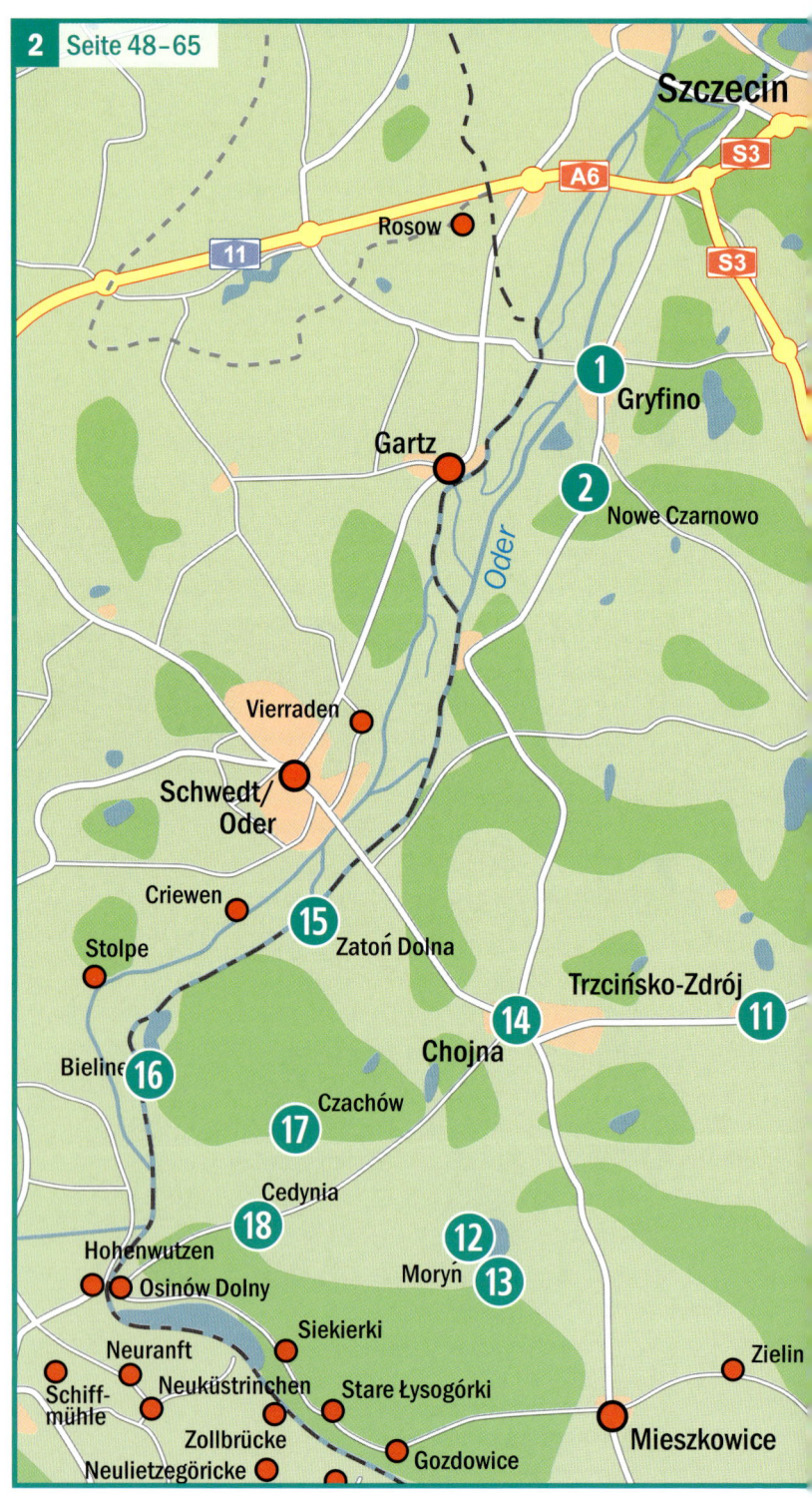

2 Seite 48–65

Szczecin

A6

S3

11

S3

Rosow

1 Gryfino

Gartz

2 Nowe Czarnowo

Oder

Vierraden

Schwedt/Oder

Criewen

15 Zatoń Dolna

Stolpe

Trzcińsko-Zdrój

14

11

Bieline **16**

Chojna

Czachów

17

Cedynia

18

12

Moryń

13

Hohenwutzen

Osinów Dolny

Siekierki

Zielin

Neuranft

Schiff-mühle

Neuküstrinchen

Stare Łysogórki

Zollbrücke

Neulietzegöricke

Gozdowice

Mieszkowice

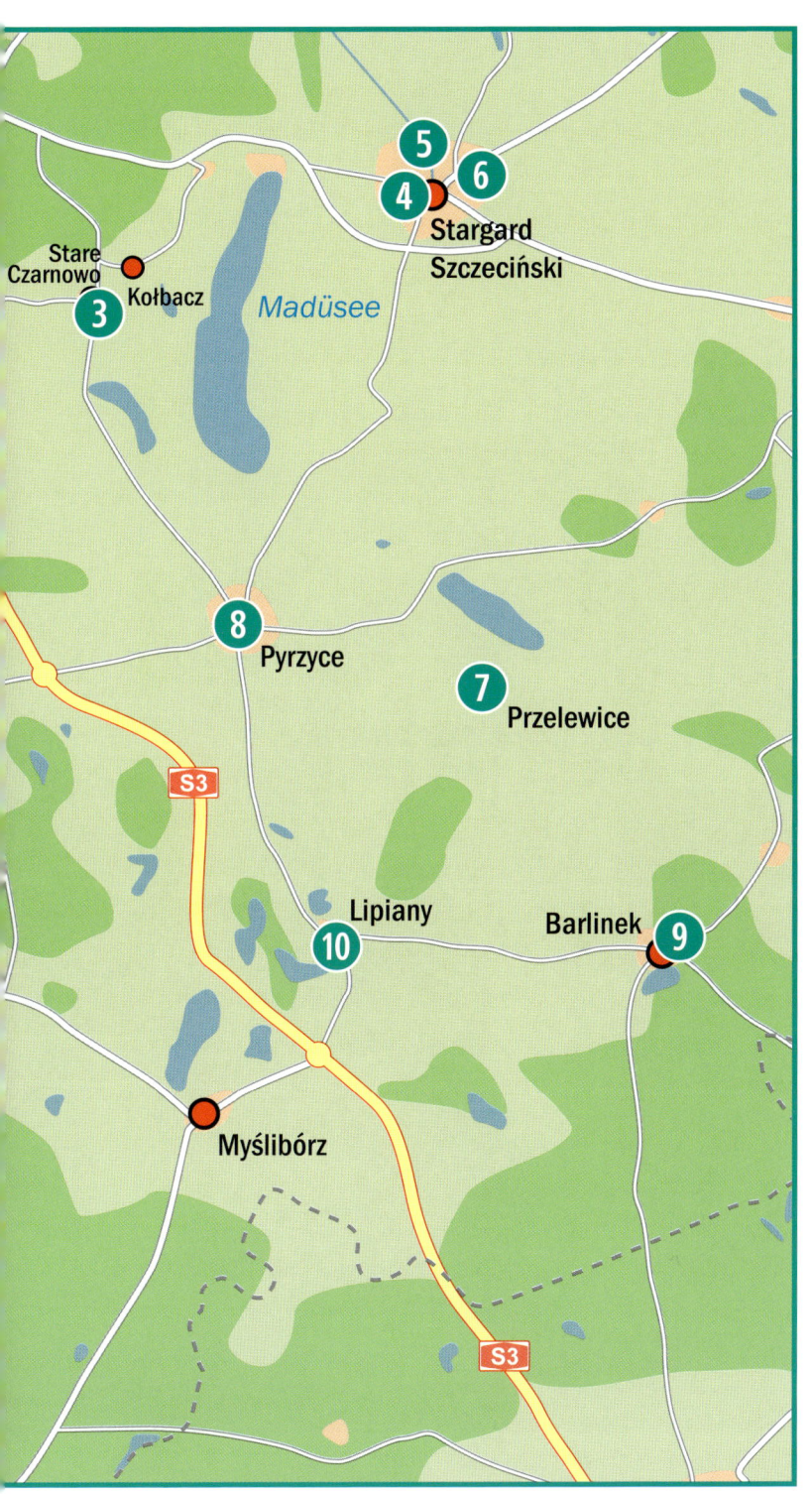

Das Pyritzer Tor in Stargard Szczeciński

Rechts des Dolina Dolnej Odry

Die von der Sonne verwöhnten Hänge des polnischen Unteren Odertales/ Dolina Dolnej Odry bieten im Landschaftsschutzpark Zehden/Cedynski Park Krajobrazowy neben Pflanzen wie am Mittelmeer und spektakulären Aussichten auf den Fluss auch einen ganz besonderen Ort – das romantische Tal der Liebe am Oderufer. Weiter im Landesinneren laden kleine Städte mit gut erhaltenen Wehranlagen, alten Rathäusern und backsteinroten Kirchen zu einem Besuch ein, so Stargard Szczeciński, das »Klejnot Pomorza«/»Kleinod Pommerns«. Besonders sehenswert ist zudem der Park von Przelewice/Prillwitz voller seltener Bäume und Pflanzen.

❶ Aquapark Laguna – Spaß für die ganze Familie

GRYFINO/GREIFENHAGEN. 20 Kilometer südlich von Szczecin/Stettin gelegen und bequem zu erreichen über die Straßenbrücke bei Mescherin, ist Gryfino/Greifenhagen mit seinem Aquapark Laguna ein gern gewähltes Ausflugsziel für sowohl polnische als auch deutsche Besucher. Vor allem bei schlechtem Wetter nutzen Familien das breite Angebot der modernen Anlage. Es gibt ein großes Sportschwimmbecken und ein Schwimmbecken mit einer künstlichen, ein Meter hohen Seewelle sowie ein Solebadbecken für die, die unter freiem Himmel das immer warme Wasser genießen möchten. Es locken Whirlpool, finnische und Infrarotsauna, Sonnenbänke sowie eine überdachte und eine Schlauchboot-Rutschbahn.

Laguna Gryfino

Angeboten werden aktive Trainingsformen wie Spinning und Aqua Aerobic unter fachkundiger Anleitung. Ergänzend zum vielfältigen Spaß im Wasser stehen Imbiss und Restaurant, Salzkammer und Sportfachgeschäft sowie Kinderspielzimmer und Massageraum zur Verfügung. Ausreichend Parkplätze sind vorhanden.

ℹ️ Aquapark Laguna/Centrum Wodne Laguna: Wodnika 1, 74-100 Gryfino, Tel. +48 91-4 15 32 55, www.cwlaguna.pl, Öffnungszeiten: Mo–So 7–22 Uhr

❷ Naturdenkmal – bizarre Kiefern im Krummen Wald

NOWE CZARNOWO/NEU ZARNOW. Ein außergewöhnliches Naturdenkmal ist im kleinen Dorf Nowe Czarnowo/Neu Zarnow vier Kilometer südlich von Gryfino/Greifenhagen in der Nähe des Kraftwerkes Dolna Odra/Odertal zu finden. Hier liegt, gut ausgeschildert, der Krumme Wald/Krzywy Las. Auf einer Fläche von etwa 0,3 Hektar stehen über 100 bizarr geformte Kiefern inmitten gerade gewachsener Bäume. In einer Höhe von etwa 20 bis 50 Zentimeter über dem Boden wölben sie sich in einem Bogen nach Norden. Die Biegungen sind ein bis drei Meter lang. Man schätzt das Alter der Bäume auf 75 Jahre. Ihr jeweils einziger belassener Seitenast übernahm die Funktion des Stammes und wuchs in die Höhe. Wie es zu diesen Krummen Wald kam, ist unklar. Zum einem wird vermutet, dass eine Panzerdurchfahrt während des Zweiten Weltkrieges die damals noch jungen Bäumchen geschädigt haben könnte. Wahrscheinlicher aber ist,

Im Krummen Wald

dass die krumme Wuchsform der Kiefern bewusst verursacht wurde, um zu gegebener Zeit aus dem Holz gebogene Möbel oder auch Schlittenkufen für die traditionellen so genannten Hornschlitten herzustellen.

ℹ Tourist-Information: Nadodrzańska 1, 74-100 Gryfino,
Tel. +48 91-8 52 31 83, www.gryfino.pl

❸ Friedhof – Ruhestätte für Zehntausende Soldaten

STARE CZARNOWO/NEUMARK. Im Ortsteil Glinna/Glien der Gemeinde Stare Czarnowo/Neumark, 20 Kilometer südlich von Szczecin/Stettin am Landschaftsschutzpark Buchheide/Park Krajobrazowy Puszcza Bukowa, legte der Volksbund Deutsche Kriegsgräberfürsorge gemeinsam mit polnischen Institutionen die 13. und größte deutsche Kriegsgräberstätte in Polen an. Der im Jahre 2006 eingeweihte Erinnerungsort wird von Deutschen und Polen gemeinsam betreut. Bisher fanden hier über 20 000 deutsche Kriegstote des Zweiten Weltkrieges aus den Gebieten Danzig, Hinterpommern und Westpreußen ihre letzte Ruhe. Die Umbettungsarbeiten werden fortgesetzt, die Kriegsgräberstätte bietet Raum für mehr als 30 000 Gräber.

ℹ Deutsche Kriegsgräberstätte: 74-106 Stare Czarnowo/OT Glinna,
www.volksbund.de

Die Kriegsgräberstätte Neumark/Stare Czarnowo in Glinna

❹ Rundgang – Spazieren durch ein »Klejnot«

STARGARD SZCZECIŃSKI/STARGARD IN POMMERN. »Kleine Schwester Stettins« wird Stargard Szczeciński/Stargard in Pommern zuweilen genannt, viel lieber aber ist den Bewohnern der alten Hansestadt am Fluss Ihna/Ina die Bezeichnung »Klejnot Pomorza«/»Kleinod Pommerns«. Zu Recht, wie man sich bei einem Spaziergang überzeugen kann. Zuerst einmal sollten Marienstiftskirche (siehe S. 53), Marktplatz und Rathaus bewundert werden. Am Altstadtmarkt stehen einige, nach den Zerstörungen 1945 wieder aufgebaute Barockhäuser, übertroffen in ihrem Glanz nur vom prächtigen Renaissance-Rathaus aus dem 16. Jahrhundert mit seiner kunstvollen gotischen Maßwerkverzierung am Stufengiebel, einer der schönsten Bauten dieser Art in Pommern überhaupt. Auch das Rathaus war 1945 eine Ruine und wurde Ende der 1950er Jahre neu errichtet. Daneben steht die barocke Alte Wache, einer der Standorte des städtischen Museums. Dass Stargard einst zu den am besten befestigten Städten Pommerns gehörte, macht ein Spaziergang um den Stadtkern deutlich. Noch etwa 1040 Meter sind von der ursprünglich 2260 Meter langen, acht Meter hohen Stadtbefestigung erhalten. Unterwegs ist man vor allem in Grünanlagen aus dem 18. und 19. Jahrhundert, sieht mächtige Wälle, Bastionen, Festungsgräben, Tore, Wehrtürme und Basteien. Eine Besonderheit bietet das mit einer Stargarder Blende (siehe S. 53) verzierte Mühlentor, auch Hafentor oder Wassertor genannt, aus der Mitte des 15. Jahrhunderts. Es steht in einer sehr ungewöhnlichen Bauweise über der Ina. Früher ließ man ein Fallgitter über Nacht in das Gewässer hinab, um den stadteinwärts liegenden Hafen vor Eindringlingen zu

Marktplatz mit Rathaus (links)   Mühlentor über dem Fluss Ina

schützen. Interessierten ist der Besuch der zwei Standorte des Museums für Archäologie und Stadtgeschichte am Markt und in der Bastei in der Nähe des Pyritzer Tores zu empfehlen.

i Museum für Archäologie und Stadtgeschichte/Muzeum Archeologiczno-Historycznego: ul. Rynek Staromiejski 2–4, 73-110 Stargard Szczeciński, Tel. +48 577-91 25 56, www.muzeum-stargard.pl
Öffnungszeiten: Mitte Mai bis Mitte September Di–Fr 10–17 Uhr, Sa 10–14 Uhr, So 10–17 Uhr; Mitte September bis Mitte April Di–Fr 10–16 Uhr, Sa 10–14 Uhr, So 10–16 Uhr

i Bastei/Basteja: Park Piastowski 1, 73-110 Stargard Szczeciński, Tel. +48 91-5 77 18 85, Öffnungszeiten: siehe Museum

i Tourist-Information: ul. Rynek Staromiejski 4, 73-110 Stargard Szczeciński, Tel. +48 91-5 78 54 66, www.cit.stargard.com.pl

❺ Marienstiftskirche – Stadtdom mit besonderer Blende

STARGARD SZCZECIŃSKI/STARGARD IN POMMERN. Die wohl beeindruckendste Sehenswürdigkeit von Stargard Szczeciński/Stargard in Pommern ist die Marienstiftskirche am Altstadtmarkt. Das Gotteshaus vom Typ eines hanseatischen Stadtdoms gilt als die schönste Backsteinkirche Polens und als wertvollstes Baudenkmal West- und Mittelpommerns, obwohl viele der einstigen Ausgestaltungselemente – unter anderem 64 Altäre – nicht mehr vorhanden sind. Die Kirche wurde nach ihrer teilweisen Zerstörung durch Bombenangriffe am Ende des Zweiten Weltkrieges wieder aufgebaut und beeindruckt heute allein durch faszinierende Architektur und schöne Ziegelwände. Zu bewundern sind keramische spitzenartige Verzierungen der Fassaden mit zahlreichen Tonmasken, im

Die Marienstiftskirche

Detailansicht der Stargarder Blende

Inneren ein großartiges Sterngewölbe. Erhalten blieben einige Glasfenster, der Barockaltar, die Kanzel. Die gegenwärtige Gestalt der zweitürmigen Basilika vom Ende des 13. Jahrhunderts ist auf das 14. bis 15. Jahrhundert zurückzuführen. Der mittelalterliche Baumeister Hinrich Brunsberg hatte 1380 den Auftrag zu ihrem Ausbau erhalten, vor allem der des Hohen Chores ist sein Werk. Berühmt ist die Marienstiftskirche zudem für die Stargarder Blende, eine damals originelle Besonderheit ihrer Türme, auf deren glatte Mauern hohe mehrteilige Blenden mit großen Kreisen in ihrem Scheitel aufgebracht wurden. Die wuchtigen Türme gewannen so an Leichtigkeit, wurden nahezu grazil. Die Stargarder Blende beeinflusste wesentlich die spätgotische Architektur in Pommern und in benachbarten Länder wie in Dänemark. Blenden des Stargarder Typs wurden vielfach nachgeahmt und später zu einem universellen, selbstständigen Motiv an Kirchtürmen, Wehrbauten und Giebeln von Bürgerhäusern.

ℹ️ Marienstiftskirche: Rynek Staromiejski, 73-110 Stargard Szczeciński,
www.parafia.stargard.pl
Öffnungszeiten von Kirche und Aussichtsplattform:
April bis Oktober Mo–Fr 10–12 und 16–17 Uhr, Sa 10–12 Uhr

⑥ Sühnekreuz – Strafarbeit eines Mörders

STARGARD SZCZECIŃSKI/STARGARD IN POMMERN. Etwas außerhalb des Stadtzentrums von Stargard Szczeciński/Stargard in Pommern steht auf einem kleinen Hügel neben der ul. Gdynska, der Landstraße nach Nordosten, im Schatten alter Eichen ein über drei Meter hohes, aus einem Stück gehauenes steinernes Kreuz mit der Figur des gekreuzigten Jesus und einer Inschrift in Plattdeutsch: »dem got genand hans billeke an m v x l i i«. Auf der Rückseite dann die Erklärung: »ano m v x l i i erschlage hans billeke vo loretz mader mith eine schane yser sinermoder syster so«. Verkündet wurde damit, dass im Jahre 1542 Lorenz Mader seinen Cousin Hans Billeke getötet hatte – aus Geldgier oder aus Liebe, so genau weiß man das heute nicht mehr. Der Mörder jedenfalls musste zur Strafe nach mittelalterlichem Recht eigenhändig ein Sühnekreuz

Sühnekreuz am Stadtrand

fertigen. Es ist im Vergleich zu anderen als Flur- oder Bodendenkmal eingestuften Sühnekreuzen ein außergewöhnlich großer und gut erhaltener Stein. Solche Steine, auch Mordwangen genannt, mussten in der Regel nach einem entsprechenden Urteil an der Stelle errichtet werden, wo die Tat geschehen war.

❼ Dendrologischer Garten – Anlage voller Anmut

PRZELEWICE / PRILLWITZ. Eine ungewöhnlich schöne Parkanlage mit integriertem Dendrologischen Garten/Ogród Dendrologiczny voller seltener Bäume und Pflanzen besitzt das kleine Dorf Przelewice/Prillwitz etwa 15 Kilometer nordöstlich von Lipiany/Lippehne. Zu verdanken ist dieser Garten dem Industriellen und leidenschaftlichen Dendrologen Conrad von Borsig, der Herrenhaus und Ländereien 1923 von der Familie von Prillwitz erwarb. Mehrere Vorgänger hatten den vorhandenen Park auf die verschiedenste Weise genutzt, von Borsig ließ von einer Berliner Baumschule einen in der Fachwelt viel beachteten Dendrologischen Garten anlegen. Dort liegt er auch begraben, 1945 erschossen von sowjetischen Soldaten. Unter polnischer Verwaltung wurde der Komplex als Bildungsstätte umgestaltet und unter Denkmalschutz gestellt sowie der Öffentlichkeit zugänglich gemacht. Die Fläche der Gesamtanlage beträgt etwa 45 Hektar, 30 Hektar nehmen der Garten und das Gutshaus ein. 1200 einheimische und exotische Baum- und Straucharten sind im langgestreckten, anmutig gestalteten Gelände zu entdecken, dazu vielfältige Bodendecker, Stauden und Gräser. Anfangs führen Wege durch einen dicht bepflanzten Japanischen Garten mit Teehaus sowie ein Heidefeld

Schloss Przelewice

Am kleinen See im Garten

Reste eines Mausoleums

mit Sennhütte, dann über verschiedene Alleen zu Wiesen, Quellen, Teichen und zu den Resten eines Mausoleums. Dabei bieten sich immer wieder neue Sichten. Besonders schön sind während ihrer Blütezeiten die Zierapfelbäume, die japanischen Kirschen, die Rhododendren und die Rosen. Eine Orangerie für Pflanzen aus der Mittelmeerregion wurde erst vor wenigen Jahren geschaffen.

> **i** Dendrologischer Garten/Ogród Dendrologiczny:
> 74-210 Przelewice, Tel. +48 91-5 64 30 80, www.ogrodprzelewice.pl
> Öffnungszeiten: Mitte April bis August täglich 9–19 Uhr, September/Oktober täglich 9–17.30 Uhr, November bis Mitte April werktags 9–15 Uhr

8 Otto-Brunnen – Taufstätte heidnischer Pommern

PYRZYCE/PYRITZ. An die Taufe der Pyritzer durch den Missionar Otto von Bamberg im Juni 1124 erinnert der Otto-Brunnen in Pyrzyce/Pyritz, einer kleinen Stadt südöstlich von Szczecin/Stettin mit einer sehr gut erhaltenen Stadtmauer. Otto von Bamberg soll hier in 20 Tagen über 700 Menschen getauft haben. Den Grundstein für den Brunnen an der Taufquelle der heidnischen Pommern legte man 1824, gebaut wurde nach einem

Das Stettiner Tor von Pyrzyce

Der Otto-Brunnen

Entwurf des berühmten Architekten Karl Friedrich Schinkel. Den umliegenden Park gestaltete Preußens Gartenkünstler Peter Joseph Lenné. 1991 wurden Brunnen und Parkanlage in das Denkmalregister eingetragen.

ℹ️ Otto-Brunnen: ul. Warszawska, 74-200 Pyrzyce, kurz vor dem alten Wasserturm rechts

❾ Berlinchen und Emanuel Lasker

Emanuel Lasker
(1868–1941)

BARLINEK/BERLINCHEN. Die anmutige so genannte Perle der Neumark, die Stadt Barlinek/Berlinchen 80 Kilometer von Schwedt entfernt, hat einen berühmten Sohn. In der von Touristen gern besuchten Stadt am Barlineker See wurde 1868 Emanuel Lasker geboren, der spätere Philosoph und Mathematiker und vor allem einzige deutsche Schachweltmeister bislang. Er konnte diesen Titel von 1894 bis 1921 behaupten. Lasker, Sohn eines jüdischen Kantors und ein mathematisch sehr begabtes Kind, verließ 1879 seine Heimatstadt und lebte in Berlin zunächst bei seinem älteren Bruder, der ihm bald das Schachspielen beibrachte. 1889, nach einem Mathematik-Studium in Berlin und Göttingen, begann Laskers internationale Schachkarriere. Er wurde Berufsspieler in London, ging in die USA und erspielte sich dort 1894 den Titel des zweiten offiziellen Schachweltmeisters. Nach seiner Promotion als Mathematiker wieder in Deutschland, wandte er sich der Philosophie zu und verdiente weiter sein Geld als Berufsschachspieler, unter anderem in den 1930er Jahren in der Sowjetunion. Lasker verstarb 1941 in den USA. Seine Heimatstadt bietet einen Rundgang auf seinen Spuren an. Dabei sind zu besuchen – neben allgemein interessierenden Orten der Stadtgeschichte – der Lasker-Platz am ehemaligen Bahnhof, das Geburtshaus in

Barlinek, die Stadt Emanuel Laskers

Am Gänseliesel-Brunnen

der ul. Chmielna 7 mit einer Erinnerungstafel und das Regionalmuseum mit einer ständigen, Lasker und Barlinek gewidmeten Ausstellung. In der Tourist-Information kann man sich neben Kartenmaterial zum Lasker-Rundweg auch einen Gedenkstempel abholen. Jährlich finden in Barlinek Emanuel Lasker gewidmete internationale Schachfestspiele statt.

i Tourist-Information: ul. Paderewskiego 7, 74-320 Barlinek,
Tel. +48 95-7 46 28 74, www.it.barlinek.pl

⑩ Bier-Streit – Legende auf einem Brunnen-Relief

LIPIANY/LIPPEHNE. Ein Brunnen mit Relief am Rathaus-Giebel von Lipiany/Lippehne, einer kleinen Stadt südlich von Pyrzyce/Pyritz und idyllisch zwischen zwei Seen gelegen, erinnert an eine Legende: Unter einigen Ratsherren von Lippehne, denen die umliegenden Brauhäuser ihr Bier

Der Brunnen in Lipiany

zum Probetrinken zur Verfügung stellen mussten, war es zum Streit gekommen, weil sich einige benachteiligt fühlten – für die beiden Letzten und Jüngsten befand sich, nachdem man nach Rang- und Reihenfolge getrunken hatte, immer zu wenig in der Kanne. So meinten sie jedenfalls verärgert. Der Landesherr schließlich beendete den Streit. Sein kluger Spruch: »Wer austrinkt die Neig', fängt an vom Frischen zu trinken.« Was hieß, dass die Kanne erneut zu füllen war und die Zu-Kurz-Gekommenen nun als Erste trinken durften. Der Frieden zwischen den Ratsherren war damit wieder hergestellt.

⑪ Rathaus – Schmuckstück mittelalterlicher Architektur

TRZCIŃSKO ZDRÓJ/BAD SCHÖNFLIESS. Ein Moorbad wie einst ist Trzcińsko Zdrój/Bad Schönfließ, 21 Kilometer vom Grenzübergang Schwedt entfernt, schon lange nicht mehr. Aber seine schöne Stadtmauer mit zahlreichen Türmen und zwei Toren gilt als eine der besterhaltenen in Polen. Ein Schmuckstück mittelalterlicher Architektur ist zudem das Rathaus aus dem 16. Jahrhundert am Marktplatz, aufwändig saniert und weithin leuchtend mit seinem spätgotischen Maßwerkgiebel. Erstmals erwähnt bereits im 14. Jahrhundert als Handelshaus, erhielt es im 16. Jahrhundert seine heutige Form mit dem hohen Giebeldach und dem Schmuck-

Das Rathaus von von Trzcińsko Zdrój

Gut erhaltene Stadtmauer

maßwerk. In seinem Erdgeschoss befand sich vor vielen Jahrhunderten eine Markthalle, nach 1945 war hier eine Polizeistation untergebracht. Heute arbeitet in diesen Räumen die Stadtverwaltung. Im Obergeschoss hat der Bürgermeister seine Zimmer, und der Saal mit seiner schönen Holzdecke wird für Veranstaltungen der Stadt und Trauungen genutzt.

i Tourist-Information: u. Mlynska 4, 74-510 Trzcińsko Zdrój,
Tel. +48 91-4 14 80 43, www.trzcinsko- zdroj.pl

⑫ Geopark – Eiszeit am Morzycko

MORYŃ/MOHRIN. In Moryń/Mohrin trifft man – wie in Groß Ziethen in der Schorfheide auf deutscher Seite der Oder (siehe S. 23) – überall auf das Mammut, das Maskottchen des Geoparks »Eiszeitland am Oderrand«. Moryń, nur wenige Kilometer vom Grenzübergang Hohenwutzen entfernt und gelegen am 58 Meter tiefen, buchtenreichen und äußerst klaren Mohriner See/ Morzycko, hat am Marktplatz sein Regionalbüro des Geoparks/Regionalne Biuro Geoparku eingerichtet. Es zeigt eine ständige Ausstellung zur Eiszeit vor 15 000 Jahren, die hier wie auch jenseits der Oder zahlreiche Spuren hinterlassen

Am Mohriner See

Mammut-Spaziergang am See

Der Große Krebs als Brunnen

hat, als sich die riesigen Gletscher vor etwa 11 600 Jahren zurückzogen. Das Geopark-Haus, gleichzeitig Tourist-Information, ist gut zu finden dank des großen Mammuts an der Wand. Die Sehenswürdigkeiten des Geoparks lassen sich am Rad- und Wanderweg »Großer Krebs« kennenlernen. Die Bezeichnung »Großer Krebs« bezieht sich auf die Sage von einem gewaltigen Krebs, der auf dem Grund des Morzycko angekettet liegen soll.

Braust und tost der See, dann rüttelt er gerade an seinen Ketten. Davon unbeeindruckt sollte man sich dennoch auf den Weg zu den Spuren der Eiszeit machen. Hinter dem nahe des Stadtzentrums liegenden Seetor begrüßen im Park am Morzycko ein großes und ein kleines Mammut die Besucher. Am Ufer entlang lassen sich auf Informationstafeln weitere Großsäuger aus der Eiszeit wie Elch, Säbelzahntiger und Bär kennenlernen. An der Stadtmauer lädt zudem ein zweisprachig gestalteter Steingarten/Kamienny Ogród mit 35 Findlingen aus der Umgebung zu einem Rundgang ein.

ℹ Regionalbüro des Geoparks/Regionalne Biuro Geoparku und Tourist-Information: pl. Wolności 2, 74-503 Moryń, Tel. +48 679–02 90 64, www.moryn.pl, Öffnungszeiten: Mi–So 10–14 Uhr

⓫ Mohrin und Christian Friedrich Koch

MORYŃ/MOHRIN. An der ul. Rynkowa im Südwesten
von Moryń/Mohrin steht ein Ende des 19. Jahrhun-
derts errichteter großer Gebäudekomplex aus rotem
Backstein, davor ein Denkmal inmitten gepflegter
Blumenbeete. Es sind die ehemaligen Koch'schen
Anstalten der Stadt, in der heute psychisch kranke
Kinder betreut werden. Ihr Stifter war Christian
Friedrich Koch, ein namhafter Jurist und einer der

Christian Friedrich
Koch (1798–1872)

bedeutendsten Vertreter der preußischen Zivilrechtswissenschaft des
19. Jahrhunderts. Der 1798 in Mohrin in der Familie eines armen Tagelöh-
ners geborene Koch erwarb als Kind beim Hüten von Gänsen und Ziegen
autodidaktisch erste Bildung, lernte Schneider, war dann aber für den
Mohriner Stadtrichter als Abschreiber tätig. Nach diesen ersten bescheide-
nen Schritten in der Juristerei folgten dank großer Intelligenz und eiserner
Disziplin in der weiteren Ausbildung bald berufliche Erfolge. So brachte
ihm bereits 1826 eine erste wissenschaftliche Schrift große Anerkennung

in der Fachwelt ein. Beförderungen,
so an das Oberlandesgericht nach
Breslau, folgten. Koch scheint seine
bescheidene Herkunft nie vergessen
zu haben: Den größten Teil seines
beachtlichen Vermögens vermachte
er bei seinem Tod 1872 testamenta-
risch seiner Heimatstadt für den Bau
eines Heimes für Kinder aus armen
Verhältnissen. Seine Stiftung trug den
Namen »Kinderglück«. Mohrin dank-
te es ihm 1903 mit einem Denkmal
vor den Koch'schen Anstalten.

Denkmal für Christian Friedrich Koch

⓬ Schätze der Gotik – Rathaus, Kirche, Tore

CHOJNA/KÖNIGSBERG IN DER NEUMARK. Im 1945 stark zerstörten Chojna/
Königsberg in der Neumark wenige Kilometer südöstlich von Schwedt
wurden wertvolle Baudenkmäler über die Jahre wieder zu Schmuckstücken.
Zu bewundern sind einzigartige gotische Bauten aus dem 15. Jahrhundert,
so das ehemalige Rathaus und die Marienkirche, die dem berühmten
Baumeister Hinrich Brunsberg, der die mittelalterliche Backsteingotik
wesentlich prägte, zugeordnet werden. Das Alte Rathaus hatte bei späteren

Das Alte Rathaus von Chojna, das Kulturzentrum der Stadt

Die Marienkirche

Umbauten barocke Seitenwände erhalten. Zwischen 1977 und 1986 entstand das Gebäude in alter Schönheit neu und dient heute als Kulturzentrum der Stadt, beherbergt die Bibliothek, die Tourist-Information und im Ratskeller mit opulentem Kreuzrippengewölbe ein Restaurant. Die die Stadt dominierende, ebenfalls kriegszerstörte Marienkirche wird seit 1986 restauriert. Sie ist inzwischen ein Projekt deutsch-polnischer Zusammenarbeit, in dessen Rahmen das Dach gedeckt, der Turmhelm aufgebracht und die Turmuhr wieder hergestellt wurden. Der 100 Meter hohe Turm kann bestiegen werden, er hat eine Aussichtsterrasse. Weitere Sehenswürdigkeiten in Chojna sind die beiden ebenfalls aus dem 15. Jahrhundert stammenden Stadttore, von denen das Schwedter Tor als einer der schönsten gotischen Wehrtürme bezeichnet werden kann. Vor dem Tor an der Einfahrt in die Stadt steht auf dem Gelände eines Friedhofes für Tausende Soldaten der Roten Armee, die am Ende des Zweiten Weltkrieges im Umkreis gefallen sind, die Ruine einer spätgotischen Spitalkapelle.

ℹ️ Tourist-Information: Altes Rathaus/Kulturzentrum, pl. Konstytucji 3 Maja, 74-500 Chojna, Tel. +48 661-41 65 95
Kirchturm-Besteigung: Anmeldung in der Tourist-Information

⑮ Tal der Liebe – Romantik an der Oder

ZATOŃ DOLNA/NIEDERSAATHEN. Voller Romantik ist das Tal der Liebe/ Dolina Miłości zwischen Krajnik Dolny/Niederkränig und Zatoń Dolna/ Niedersaathen, zu erreichen nach dem Grenzübergang Schwedt auf dem östlichen Oderuferweg oder über die Landstraße Richtung Chojna/ Königsberg und Cedynia/Zehden. Es ist wieder ein gern besuchtes Ausflugsziel geworden. Bis 1945 befand sich an den dicht bewachsenen Flusshängen ein ausgedehnter Landschaftspark mit Schweizerhaus, Bastei, Fasanerie und Goldfischteichen. Am Ufer luden Ausflugslokale ein. Um 1850 hatte Anna Sophie von Humpert diesen naturnahen Park mit seinem romantischen Namen anlegen lassen, um ihren lange abwesenden Mann Carl Philipp von Humpert, Besitzer des Landguts in Hohenkränig, heute Krajnik Górny, und Landrat im Bezirk Königsberg/Neumark, nach dessen Rückkehr damit zu überraschen. Nach 1945 verwilderte das einst so idyllische Tal. Doch seit einigen Jahren ist ein 13 Kilometer langes Wegenetz mit Lichtungen und Aussichtspunkten wieder begehbar. Apollo und Aphrodite, verschwundene und wieder nachgebildete Glume-Plastiken aus Schwedt (siehe S. 19), schmücken die Goldfischteiche. Von den früheren Bauten im Park ist nichts mehr vorhanden. Allerdings lassen sich beim Durch-

Im Tal der Liebe

An der Oder bei Zatoń Dolna

streifen der verwunschenen Talschlucht eine ganze Reihe von Findlingen entdecken, die mit Sinnsprüchen oder den Namen bekannter Persönlichkeiten wie Mozart, Beethoven und Goethe versehen sind. Bemerkenswert ist auch ein Stein mit der Inschrift »Das ist das Tal, das die Liebe schuf«. Es kann über mehrere Zugänge vom Uferweg aus erkundet werden.

i www.gajanet.pl, www.dolinamilosci.pl

⑯ Naturschutzgebiet – Pflanzen wie am Mittelmeer

BIELINEK/BELLINCHEN. An den warmen, von der Sonne bestrahlten Oderhängen bei Bielinek/Bellinchen im Zehdener Landschaftsschutzpark/Cedyński Park Krajobrazowy liegt wenige Kilometer nördlich von Cedynia/Zehden eines der wertvollsten Naturschutzgebiete Polens und zugleich eines der ältesten an der Oder. Hier werden seltene Steppenpflanzen und verschiedene Orchideenarten sowie alte Flaumeichen geschützt, die eigentlich im Mittelmeerraum beheimatet sind. Dieses

Am Eingang zum Steppenreservat

Gebiet war bereits seit Mitte des 19. Jahrhunderts wegen seines besonderen floristischen Wertes eines der wichtigsten Exkursionsgebiete der Biologen an der Oder und erhielt 1927 nach systematischer Inventarisierung offiziell den Rang eines Naturschutzgebietes sowie eine Naturschutzstation. Diese überstand das Kriegsende nicht, zu ihrem 70. Gründungstag 1997 wurde an ihrem einstigen Standort ein Gedenkstein errichtet. An der Straße 125 von Bielinek nach Cedynia gibt es zwei Parkplätze mit Info-Tafeln, von denen aus Wanderwege in das Naturschutzgebiet führen.

⑰ Dorfkirche – Wandmalereien fürs einfache Volk

CZACHÓW/ZACHOW. Eigentlich ist das Dorf Czachów/Zachow zehn Kilometer nordöstlich von Cedynia/Zehden unspektakulär, wäre da nicht die kleine frühgotische Steinkirche mitten im Ort. Die Wände in ihrem Inneren zieren Malereien von vermutlich Anfang des 14. Jahrhunderts. Dargestellt sind – seltsam verzerrt und ungeordnet, sehr simpel und fast kindlich – Ritter, Bauern, Tiere und sogar ein Teufel. Um die Verständlichkeit der Predigt beim einfachen Volk zu fördern, wurde wohl mit Hilfe dieser Bilder von den menschlichen Hauptsünden und Haupttugenden

Eine der Wandmalereien

Kirche Czachów

erzählt. Die Kirche könnte früher den Johannitern gehört haben, denn es sind auch Schachbrettmuster und Malteserkreuz zu sehen. Während der Reformation hatte man alles übermalt, die Zeichnungen wurden 1979 wieder freigelegt.

⑱ Góra Czcibora – Schlachtengetöse Richtung Westen

CEDYNIA/ZEHDEN. Bei Cedynia/ Zehden reicht in einem Oderknick der polnische Staat am weitesten nach Westen. Direkt an der Straße Richtung Grenzübergang Osinów Dolny/Hohenwutzen dominiert auf einem Hügel ein trutziges Monument in Form eines 15 Meter hohen, nach Westen blickenden Adlers. Es erinnert seit 1972, und damit anlässlich des 1000. Jahrestages, an die

Der Adler auf dem Góra Czcibora

damals in Polen zur nationalen Bedeutsamkeit hochstilisierte Schlacht von 972 bei Zehden, deren Austragungsort jedoch so genau nicht belegt ist und über deren Bedeutung – es soll ein Grenzgefecht zwischen dem polnischen Fürsten Mieszko I. (siehe S. 104) und dem Lausitzer Grafen Hodo I. gewesen sein – sich die polnische Historikerzunft nicht einig ist. 270 Stufen gilt es nach oben zu bewältigen, um dann einen weit reichenden Blick ins Odertal zu haben. Ergänzt wird alles durch ein großes Mosaik auf einer Betonwand am Fuß des Hügels, das martialische Schlachtenszenen wiedergibt. Die hügelige Anlage heißt Góra Czcibora, benannt nach Czcibor, einem Bruders des ersten historisch nachweisbaren Polanenfürsten Mieszko.

ℹ️ Tourist-Information: pl. Wolności 4, 74-520 Cedynia, Tel.+48 91-4 14 41 31

An der Oder bei Zollbrücke

Im Oderbruch

Dem roten Odergott Viadrus auf dem Deich »Guten Tag« sagen, Kaffee trinken zwischen »Himmel und Erde«, Schinkels schöne Bauten ansehen, Übernachten in einem Waggon der Oderbruchbahn – die Möglichkeiten, sich das herb-schöne Oderbruch zu erschließen, sind vielfältig. Die im 18. Jahrhundert durch Trockenlegung eines sumpfigen Gebietes entstandene Kulturlandschaft mit Wasserläufen und Feldern, Rundlings- und Kolonistendörfern sowie interessanten Bau- und Kulturdenkmälern hat einen besonderen Charme. Auch größere Orte an ihrem Rand wie Bad Freienwalde, Wriezen und Seelow bieten Entdeckenswertes.

■■■■■■■■■■■■■■■■■■■■■■■■■■■■■■■■■■■■■■■

❶ Museum – Fluss-Schifffahrt in allen Facetten

ODERBERG. Im beschaulichen Städtchen Oderberg am nördlichen Rand des Oderbruchs erwartet das Binnenschifffahrtsmuseum an der Alten Oder seine Besucher. Im ältesten Technikmuseum Brandenburgs wird die Geschichte der Oder-Schifffahrt erzählt. Zu erfahren ist von gesegelten Kaffenkähnen, von dampfbetriebenen Heckradschleppern und modernen Stromschubbooten. Die Dampfschifffahrt steht im Mittelpunkt. Auch Schleusenbau und Hebetechnik, der Wasserstraßen- und Kanalbau, die Flößerei sowie das Leben und Arbeiten der Oder-Schiffer sind dargestellt.

Außengelände mit der »Riesa«

Im Außengelände des Museums können Boote der Strommeisterei, Schiffs-antriebe sowie Steuer- und Ruderanlagen besichtigt werden. Besondere Attraktion ist die 56 Meter lange »Riesa« vormals »Habsburg«, ein 1897 in Dresden gebauter Seitenraddampfer, der als luxuriös ausgestatteter Eildampfer die Elbe befuhr. Er konnte, bei zehn Mann Besatzung, 710 Pas-sagiere transportieren. 1919 wurde die »Habsburg« in »Riesa« umbenannt. 1976 außer Dienst gestellt, kam sie auf Bemühen des Binnenschifffahrts-museums nach Oderberg. Ein Stromschubboot brachte den Dampfer 1978 nach Hohensaaten, wo er zum Museumsschiff umgebaut wurde. Das liegt nun seit 1979 in Oderberg und wurde 2006 von Grund auf saniert. Sein Bugsalon dient als Veranstaltungsort, Bands spielen Dixieland an Bord. Auch werden auf dem Museumsgelände zünftige Fischerfeste gefeiert.

i Binnenschifffahrtsmuseum und Tourist-Information: Herrmann-Seidel-Str. 44, 16248 Oderberg, Tel. +49 33369-4 70 und +49 33369-53 93 21, www.bs-museum-oderberg.de, Öffnungszeiten: April bis Oktober täglich 10–17 Uhr, November–März täglich 10–15 Uhr

❷ Das Oderbruch und Friedrich II.

BAD FREIENWALDE. Preußenkönig Friedrich II., auch der Alte Fritz genannt, ist im Oderbruch allgegen-wärtig. So steht er in den Dörfern Neutrebbin und Letschin (siehe S. 81) als Denkmal auf dem Sockel. Gaststätten wie die »Zum Alten Fritz« in Altlewin tragen seinen Namen. Man würdigt Friedrich II., weil er entscheidende Impulse zur Trockenlegung des Oderbruchs gegeben

Friedrich II.
(1712–1786)

hatte. Das unkontrollierbare Feuchtgebiet mit seinen kleinen Fischerdörfern wandelte sich dadurch zu einer bewirtschafteten Kultur-landschaft, zum Gemüsegarten Berlins. Begonnen worden war dieses gewaltige Projekt unter Friedrich Wilhelm I. be-reits 1735. Sohn Friedrich II. führte es mit Vehemenz fort und bewältigte es zwischen dem Zweiten und dem Dritten Schlesischen Krieg, dem Siebenjährigen Krieg. So erklärt sich Friedrichs oft zitierter Satz: »Hier habe ich in Frieden eine Provinz erobert, die mir keinen Soldaten gekostet hat.« Zwischen 1747

Friedrich-Denkmal in Neu-trebbin von Heinrich Wefing

und 1753 erhielt die Oder östlich ihres alten Verlaufes ein neues Bett, der Flusslauf war nun 25 Kilometer kürzer. Dämme wurden errichtet und Schöpfwerke gebaut. Seither gibt es die Alte Oder, in der sich das Wasser aus dem Meliorationsgebiet sammelt, die Stille Oder, den Friedlandkanal, den Hauptgraben sowie eine Unmenge kleiner Wasserläufe. 32 500 Hektar fruchtbaren Ackerlandes wurden gewonnen. Durch vielerlei Versprechungen angelockt, kamen Hessen, Mecklenburger und Pfälzer, Sachsen und Württemberger sowie Niederösterreicher und Schweizer in das knapp 60 Kilometer lange und 12 bis 20 Kilometer breite Oderbruch und gründeten bis 1780 etwa 50 Kolonistendörfer. Im Jahr 1786 hatten etwa 300 000 Kolonisten das Oderbruch sowie das in den 1760er Jahren trockengelegte Warthe- und Netzebruch jenseits der Oder (siehe S. 111) zu ihrer neuen Heimat gemacht. In seiner Dauerausstellung widmet sich das Oderlandmuseum von Bad Freienwalde – neben der Historie der Stadt – Friedrichs Kulturlandschaft. Dargestellt werden die Trockenlegung und die Bau- und Besiedlungsgeschichte des Oderbruchs.

i Oderlandmuseum: Uchtenhagenstr. 2, 16259 Bad Freienwalde, Tel. +49 3344-20 56, www.oderlandmuseum.de
Öffnungszeiten: Mi–Sa und Feiertage 11–17 Uhr

❸ Wintersport – Skispringen in Brandenburg

BAD FREIENWALDE. Hügelstadt oder Balkon zum Oderbruch wird Bad Freienwalde, renommierter und ältester Kurort Brandenburgs, oft genannt. Seine Lage inmitten einer schroffen Hügellandschaft am Übergang vom Barnim in das Oderbruch hatte ihm vor vielen Jahrzehnten auch den griffigen Namen »Märkisches St. Moritz« eingebracht. Heute wird damit geworben, das nördlichste Skisprungzentrum Deutschlands zu sein. Ein Höhenunterschied von 155 Meter im Stadtgebiet macht es möglich, im thüringischen Oberhof sind es vergleichsweise 125 Meter. Seit einigen Jahren wird in Bad Freienwalde – nach einer längeren Pause – wieder auf Schanzen trainiert. Es finden Wettkämpfe und jährliche märkische Wintersporttage statt. In der Sparkassen Ski-Arena am Papengrund stehen drei Kleinschanzen und eine Mittelschanze, auf denen dank Kunststoffmatten auch im

Die vier Bad Freienwalder Schanzen

Sommer gesprungen werden kann. Der 38 Meter hohe Turm der letzteren wurde im Jahr 2008 eingeweiht, ihr Schanzenrekord liegt bei 71 Meter. Der Wintersportverein 1923 Bad Freienwalde e.V., der die Ski-Arena betreut, hat noch eine Normalschanze für 90 Meter und eine Großschanze für 120 Meter sowie eine Zuschauer-Arena in den Hügeln im Blick. Schließlich gibt es im Ort eine echte Wintersport- und Schanzentradition. Ein 1923 gegründeter Wintersportverein veranstaltete 1924 hier erstmals Brandenburgische Wintersporttage. Ab Januar 1929 wurde auf der ersten Freienwalder Schanze gesprungen. Der norwegische Olympiasieger Birger Ruud erzielte auf ihr 1936 mit 40,4 Meter Schanzenrekord. Der große Schanzenturm am Papengrund kann bestiegen werden.

ℹ️ Wintersportverein 1923 Bad Freienwalde e.V.: Berliner Str. 97, 16259 Bad Freienwalde, Tel.+49 3344-41 96 16 und +49 172-8 01 33 98, www.wsv1923.de, Öffnungszeiten des Schanzenturmes: April bis Oktober Di–So und Feiertage 10–17 Uhr, November bis März Sa, So und Feiertage 11–16 Uhr

ℹ️ Tourist-Information: Uchtenhagenstr. 3, 16259 Bad Freienwalde, Tel. +49 2244-15 08 90, www.bad-freienwalde.de

❹ Haus der Naturpflege – Geburtsort eines Symbols

BAD FREIENWALDE. Wie wurde die Waldohreule zum Naturschutzsymbol? Antwort auf diese Frage gibt es in einem kleinen Naturschutzmuseum am Boasberg von Bad Freienwalde. Hier lebte die der Natur sehr verbundene Familie Kretschmann inmitten ihres Garten-Paradieses, und hier wählte Kurt Kretschmann Anfang der 1950er Jahre die Waldohreule, den nützlichen Mäusejäger, als Naturschutzsymbol aus. Kurt und Erna Kretschmann kennzeichneten mit der schützenswerten schwarzen Eule auf gelbem Grund die ersten Naturdenkmäler und Schutzgebiete im deutschen Osten. Das Schild mit der Waldohreule wurde zum offiziellen DDR-Naturschutzzeichen und ist heute gesamtdeutsch. Der 2007 verstorbene Nestor des Naturschutzes hinterließ ein Haus der Naturpflege und einen ab 1960 angelegten, 1,7 Hektar großen Lehr- und Schaugarten. Auch entstand durch seine Initiative im nahe gelegenen Rathsdorf/Altgaul ein Storchenmuseum (siehe S. 74). Im Blockhaus der Kretschmanns wird ihr Lebens-

Das Blockhaus am Boasberg

werk gewürdigt, der Garten bietet neben seinen über 1000 Pflanzenarten eine Storchenhütte, einen Wildbienen-Lehrpfad, eine
Hütte mit Tierpräparaten. Besuchern stehen ein Vortrags- und
Gästehaus mit dem Erna- und Kurt-Kretschmann-Archiv sowie
ein Heuhotel mit Lehrküche zur Verfügung. Alles wird vom
13 Meter hohen Eulenturm überragt, von dem man bis weit in das
Oderbruch hinein blicken kann.

ℹ️ Haus der Naturpflege: Dr.-Max-Kienitz-Weg 2, 16259 Bad Freienwalde,
Tel. +49 3344-35 82, www.haus-der-naturpflege.de
Öffnungszeiten: April bis Oktober Di–So 10–17 Uhr,
November bis März Di–Fr 10–16 Uhr

❺ Storchenturm – Museum für Adebar

RATHSDORF/ALTGAUL. Etwa 5000 Storchenpaare brüten alljährlich in
Deutschland, 3900 in den ostdeutschen Bundesländern, vor allem in
Brandenburg und Mecklenburg-Vorpommern. Mehr noch über Meister

Adebar ist im Storchenturm von
Rathsdorf/Altgaul, einem über
200 Jahre alten, stillgelegten
Ziegelbrennofen und Wahrzeichen
des nördlichen Oderbruchs bei
Wriezen, zu erfahren. Er dient
als Storchenmuseum, das in den
1970er Jahren initiiert wurde von
Kurt Kretschmann, dem in der
Region legendären Naturschützer
(siehe links) und Begründer des
ehrenamtlichen Weißstorch-
schutzes. Auf dem 16,5 Meter
hohen Turm hatten schon seit über

Der Storchenturm von Rathsdorf

100 Jahren Storchenpaare ihr Nest gebaut und Junge großgezogen. Er
verfiel mit der Zeit, konnte jedoch Mitte der 1970er Jahre saniert werden.
Nach erneuter umfassender Sanierung im Jahr 1995 ist eine Ausstellung
über Lebensweise, Verbreitungsgebiete und Flugrouten von Störchen
sowie zu ihnen drohenden Gefahren zu sehen.

ℹ️ Storchenmuseum: Ziegeleiofen an der alten B 167,
16269 Wriezen/OT Rathsdorf, www.brandenburg.nabu.de
Öffnungszeiten: April bis September täglich außer Fr 10–17 Uhr
Kontakt: Haus der Naturpflege, 16259 Bad Freienwalde,
Tel. +49 3344-35 82, www.haus-der-naturpflege.de

❻ Oderbruch-Kulturort – Schloss als Museum und Werkstatt

ALTRANFT. Besucher des in einem Park gelegenen Schlosses Altranft und des dazugehörenden alten Gutsdorfes südlich von Bad Freienwalde können ein interessantes Projekt miterleben. Das Gutshaus und sein Umfeld, das über viele Jahre als Brandenburgisches Freilichtmuseum Altranft diente, will nicht nur mehr Museum sein, sondern als »offener Kommunikations- und Vermittlungsraum« mit vielen Partnern die Entwicklung des Oderbruchs als Kulturraum begleiten. So wird im Erdgeschoss des Schlosses auf besuchenswerte Kulturorte im Oderbruch hingewiesen – beispielsweise das Thaer-Museum in Möglin (siehe S. 86) oder das Filmmuseum in Golzow (siehe S. 91). Im Obergeschoss ist die Orts- und Hausgeschichte zu dargestellt. Auch nehmen hier wie schon zuvor die Möbel der legendären Charlotte von Mahlsdorf einen großen Raum ein, zugleich jedoch sind zwischen ihnen in einer Inszenierung beispielsweise Werke von Künstlern zu sehen. Jahresthemen zum Wasser oder zur Landwirtschaft im Oderbruch werden gestaltet; Ausstellungen, Theateraufführungen, Feste und Aktionstage finden in Kooperation mit Künstlern, Vereinen und Heimatstuben statt. In zwei Räumen entstand eine Museumswerkstatt, in die Ortshistoriker, Landwirte und Handwerker ihr Wissen zur Geschichte des Oderbruchs und ihre praktischen Erfahrungen einbringen. Individuell und auch bei Führungen können im ehemaligen Gutsdorf Fischerhaus, Alte Schmiede, Patronatskirche und anderes mehr besichtigt werden.

Nachbau einer Milchrampe im Dorf

Schloss Altranft

ℹ️ Museum Altranft – Werkstatt für ländliche Kultur, Museumsverein Altranft e.V.: Am Anger 27, 16259 Bad Freienwalde OT Altranft, Tel. +49 3344-33 39 11, www.museum-altranft.de
Öffnungszeiten: Mitte April bis September Do–So 11–17 Uhr, Oktober bis Mitte Dezember Sa/So 10–16 Uhr

❼ Flutzeichen – Erinnerung an das Jahrhunderthochwasser

NEURANFT. Nicht nur eine Überflutung, sondern ihren Untergang befürchteten die Menschen des Oderbruchs im Sommer 1997, als gewaltige Wassermassen den 90 Kilometer lange Oderdamm nach wochenlangen Regenfällen in Tschechien an mehreren Stellen zu durchbrechen drohten. Die Verteidigung der mit 80 000 Hektar größten eingedeichten Tieflandfläche an der Oder wurde zur nationalen Aufgabe erklärt und ein gigantisches Ringen mit den Gewalten der Natur begann: 6500 Menschen mussten evakuiert werden, 30 000 Soldaten und 6500 THW-Kräfte waren im Einsatz, 8 860 000 Sandsäcke wurden gefüllt, 1394 Lkw fuhren … Bei Neuranft erinnert das schlichte Hochwasserdenkmal Flutzeichen des Künstlers Matthias Körner, ein-

geweiht am 15. August 1998 und damals von so manchem respektlos »Stiefelknecht« genannt, an den dramatischen Hochsommer 1997. Das vier Tonnen schwere, die notwendige Balance zwischen Mensch und Natur symbolisierende Bronzemonument ist zu einer Touristenattraktion geworden.

Matthias Körner: Flutzeichen

An der Oder bei Groß Neuendorf

❽ Kolonistendörfer – erste Gründung im Oderbruch

NEULIETZEGÖRICKE. Idyllisch gibt sich Neulietzegöricke, das erste der bis 1780 gegründeten 50 Kolonistendörfer im Oderbruch. Mit seinen gut erhaltenen Drei- und Vierseitenhöfen entlang zweier parallel zueinander verlaufenden Straßen steht es unter Denkmalschutz. Ältestes Gebäude ist ein restauriertes Fachwerk-Bienenhäuschen von 1753 am Eingang des langgestreckten Dorfes im nördlichen Oderbruch. Neulietzegöricke hat den für hiesige Kolonistendörfer typischen Schachtgraben zwischen den beiden Straßen. In diesen Gräben sammelte sich das Wasser, sie wurden beidseitig mit Bäumen bepflanzt. Kolonistendörfer erkennt man auch daran, dass sie oft ein »Neu-« im Namen führen und in der Nähe der Alt-Dörfer liegen, beispielsweise Neu- bei Altlewin. Die einsamen Loosehöfe mitten in der Landschaft – wie die Zäckericker Loose mit dem Ziegenhof Zollbrücke oder die Güstebieser Loose mit mehreren Künstlerhöfen – sind einst verloste Hofstellen.

Die Neulietzegöricker Kirche

Bienenhäuschen am Dorfeingang

Eine tierische Idylle

❾ Das Oderbruch und Theodor Fontane

Theodor Fontane
(1819–1898)

LETSCHIN/SCHIFFMÜHLE. Dreißig Jahre lang, zwischen 1859 und 1889, durchwanderte der gelernte Apotheker, Journalist und vor allem renommierte Schriftsteller Theodor Fontane die Mark Brandenburg und schrieb darüber. Das zweite Buch seiner umfangreichen »Wanderungen« führt in das »Oderland« – mit Oder und Oderbruch, Teilen des Barnim und des Lebuser Landes. So ist bei ihm ausführlich nachzulesen über die großen Mühen, das Oderbruch trockenzulegen und nutzbar zu machen. Er schilderte Landschaften sowie Orte wie Küstrin (siehe S. 107) und Schlösser wie Neuhardenberg (siehe S. 87), er nahm zudem Geschichten, Legenden und Sagen auf und widmete sich umfänglich dem Landadel, im Oderbruch beispielsweise der Familie von Friedland und den Itzenplitz (siehe S. 84). Theodor Fontane kannte das Oderbruch gut. Sein Vater Louis Henry Fon-

Vor der Fontane-Apotheke in Letschin

Fontane-Haus Schiffmühle

tane, ein lebensuntüchtiger Apotheker mit ständigen Spielschulden, führte nach mehreren beruflichen Misserfolgen von 1838 bis 1850 eine kleine Apotheke im Oderbruch-Dorf Letschin, wo sein 1819 in Neuruppin geborener Sohn Theodor kurzzeitig einen Teil seiner Ausbildung als Apotheker absolvierte und auch als Angestellter arbeitete. Am Ort dieser Apotheke steht heute eine Fontane-Apotheke und davor auf einem Sockel eine Fontane-Plastik. Von Letschin aus zog der Vater, den die Mutter verlassen hatte, nach Schiffmühle bei Freienwalde. In dem kleinen, sorgfältig rekonstruierten Haus, das er bis zu seinem Tod 1867 bewohnte, ist seit 1995 eine Fontane-Erinnerungsstätte zu besichtigen. Louis Fontane liegt begraben auf dem Friedhof an der Kirche von Neutornow, einem Ortsteil von Schiffmühle.

ℹ Fontanehaus; Schiffmühle 3, 16259 Bad Freienwalde/OT Schiffmühle
Tel. +49 3344-3 34 97 78 und +49 162-6 30 10 41
Öffnungszeiten: aktuell anfragen, in der Regel Mo–Fr 10–16 Uhr, Sa/So und
Feiertag sowie außerhalb der Öffnungszeiten auf Anfrage

⑩ Spurensuche – Reste jüdischen Lebens

WRIEZEN/GROSS NEUENDORF. Wie überall in Deutschland lebten bis in die 1930er Jahre hinein auch Juden in den kleinen Städten am Rande des Oderbruchs und prägten deren Leben mit. Jüdische Gemeinden gab es in Oderberg, Bad Freienwalde, Wriezen, Seelow und Küstrin, heute Kostrzyn nad Odrą, sowie in Groß Neuendorf direkt am Flussufer. Ihre Mitglieder waren unter den Nazis der gnadenlosen Verfolgung ausgesetzt … Spuren jüdischen Lebens lassen sich auf vielfach geschändeten Jüdischen Friedhöfen entdecken. Wriezens Jüdischer Friedhof ist einer der besterhaltenen in Brandenburg und eine Gedenkstätte. Seit 1677 lebten Juden in der Stadt und richteten 1730 einen Friedhof ein. 131 teilweise kunstvoll gearbeitet Grabsteine sind noch heute erhalten, 17 Grabstellen haben keine Steine mehr. Die vorhandenen wurden in den 1980er Jahren sorgfältig renoviert. Der Friedhof liegt in ruhiger Umgebung am Ende des Siedlungsweges, zu erreichen über die Freienwalder Straße und den Kastanienweg.

Die Jüdischen Friedhöfe von Wriezen (links) und von Groß Neuendorf

Mitte des 19. Jahrhunderts war in Groß Neuendorf eine kleine jüdische Gemeinde um den Getreidegroßhändler Michael Sperling entstanden. Der Kaufmann stiftete eine 1865 errichtete Synagoge, einen Anbau an ein niedriges Haus in der heutigen Poststraße 17, in dem seine Arbeiter wohnten. Eine Gedenktafel am Vorderhaus weist auf das Gebetshaus hin. Sperling ließ etwas außerhalb des Dorfes auch den Groß Neuendorfer Jüdischen Friedhof anlegen, der – verwahrlost – zwischen 1992 und 1994 wieder instand gesetzt wurde. Ihn schützt eine Umfassungsmauer, hinter dem mit der Menora geschmückten Tor aus Schmiedeeisen sind an die 30 zumeist große, von Wohlstand kündende Grabsteine zu finden. Auch Michael Sperling ist hier beigesetzt. Ein Platz im Ort wurde nach ihm benannt.

🅘 Tourist-Information: Bahnhof Wriezen, Bahnhofstr. 30, 16269 Wriezen, Tel. +49 163-8 63 61 02, +49 33456-56 89 99 und +49 33633-6 90 80, www.tourismusinfo-wriezen.de

⑪ Gotteshäuser – Dom des Oderbruchs und andere Kirchen

NEUKÜSTRINCHEN. Weithin zu sehen ist der so genannte Dom des Oderbruchs, die gewaltige Backsteinkirche von Neuküstrinchen. Gebaut am Ende des 19. Jahrhunderts in einem der größten Kolonistendörfer des Landstrichs, wurde der Dom die Zentralkirche für mehrere umliegende Orte. Die sanierte Kirche, in der auch Konzerte und Ausstellungen stattfinden, bietet weit über 1000 Menschen Platz. Sie entstand zeitgleich mit vielen anderen Kirchen im Oderbruch, als die ersten Gotteshäuser in den Kolonistendörfern nach 1800 vielfach verfielen. Nur in Neubarnim steht heute noch eine dieser ganz alten Kirchen. Ansonsten wurde neu und massiv gebaut, so in Neuhardenberg, Neulietzegöricke und eben auch in Neuküstrinchen, wo 1769 die erste Kirche errichtet worden war, der dann über 100 Jahre später der Dom des Oderbruchs

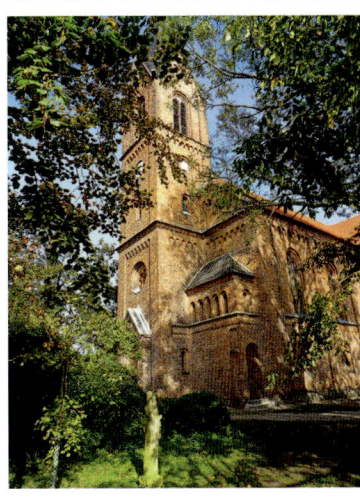

Der Dom in Neuküstrinchen

Kirchenruine Podelzig

mit Apsis und Westturm nachfolgte. Er überstand die Kampfhandlungen des Zweiten Weltkrieges relativ glimpflich, im Gegensatz zu vielen anderen Kirchen, die total zerstört wurden wie die in Kunersdorf, Kienitz und Letschin. Allein in der Region um Seelow waren 28 Kirchen wie die in Mallnow (siehe S. 99) nur noch Ruinen. Nach dem Krieg kam es mancherorts zu Abrissen, aber auch zu mühevollem Wiederaufbau. In Letschin im mittleren Oderbruch rettete die Kirchgemeinde den 34 Meter hohen Turm des von Karl Friedrich Schinkel entworfenen Gotteshauses, »Zuckerhut« genannt (siehe S. 82). In Podelzig bei Lebus wurde die Kirchenruine zu einem attraktiven Aussichtspunkt und Rastplatz. Neue Kirchen bekamen Gorgast und Kunersdorf, letztere eine architektonische Besonderheit des Oderbruchs – ein neugotisches Bauwerk mit rundem Kirchenschiff.

ℹ️ Dom des Oderbruchs: Dorfstr. 1, 16259 Oderaue/OT Neuküstrinchen

⑫ Theater am Rand – Kultur und Ziegenkäse-Brote

ZOLLBRÜCKE. In dieses Theater kommen viele mit dem Fahrrad. Am Tresen gibt es Schmalzstullen und Brote mit Ziegenkäse vom nahen Ziegenhof. Bezahlt wird erst, wenn man geht. Dann hat der eine oder andere auch gleich noch ein Dinkel-, Weizen- oder Sauerteigbrot aus dem hauseigenen Backofen dabei. Das private Theater am Rand in Zollbrücke,

Von links: Tobias Morgenstern,
Thomas Rühmann, Ursula Karusseit

im nördlichen Oderbruch direkt hinter dem Oderdeich gelegen, ist eine Institution. Gegründet 1998 von dem Akkordeonisten Tobias Morgenstern und dem Schauspieler Thomas Rühmann und anfangs in einem alten Fachwerkhaus vor 30 Zuschauer agierend, hat es seit mehreren Jahren ein Gebäude mit Platz für etwa 200 Gäste. Das Ganze ist gewollt ein bisschen einfach und ein bisschen schräg. Passend zur Landschaft besteht das rustikale Theaterdomizil vor allem aus naturbelassenem Eichenholz und einem wuchtigen Dach. Für das Sitzen auf den hölzernen Zuschauer-Traversen liegen Kissen bereit. Zu erleben sind Konzerte und Lesungen sowie Theater-, Film- und Pantomime-Vorstellungen.

ℹ Theater am Rand: Zollbrücke 16, 16259 Oderaue/OT Zäckericker Loose, Tel. +49 33457-6 65 21 , www.theateramrand.de

ℹ Ziegenhof: Zollbrücke 20, 16259 Oderaue/OT Zäckericker Loose, Tel. +49 33457-50 65, www.ziegenhof-zollbruecke.de

⑬ Viadrus – Odergott leuchtend rot am Ufer

GÜSTEBIESER LOOSE. Auf einem Hügel an der Fährstraße in Güstebieser Loose, kurz vor der Autofähre »Bez Granic« (siehe S. 105) über die Oder ans polnische Ufer, steht seit 2009 eine leuchtend rote Stahlplastik. Es ist Viadrus, der Odergott, der hier über die Oder und das weite Oderland Richtung Szczecin/Stettin blickt. Die von dem Wriezener Bildhauer Horst Engelhardt geschaffene drei Meter hohe, drei Meter breite sowie sechs Meter lange Viadrus-Plastik ist geschmückt mit einem Schiff auf Oderwellen. Die Insignien des Odergottes sind – symbolisch für Wasser und Schiffbarkeit – ein Quellgefäß und ein Ruder. Vorbilder für die Skulptur lieferten

Viadrus-Plastik von Horst Engelhardt

20 Abbildungen des Flussgottes, die ein ambitionierter Bad Freienwalder Heimatforscher auf beiden Seiten der Oder ausfindig machte als Medaillons an Hausfassaden und als bildliche Darstellungen in Büchern, auf Münzen und auf Denkmälern wie dem Stettiner Hafentor/Brama Portowa.

14 Alter Fritz – zweimal auf den Sockel gehoben

LETSCHIN. Im zentral gelegenen Oderbruch-Dorf Letschin steht Friedrich II. auf dem Sockel in typischer Haltung und auf seinen Stock gestützt. 1905 hatte man dem Preußenkönig das Denkmal errichtet für seine Verdienste bei der Trockenlegung des Oderbruches sowie dessen nachfolgende Entwicklung zu einer prosperierenden Agrarlandschaft. Diese Kulturleistung ignorierend, sollte das Denkmal nach 1945 eingeschmolzen werden. Doch es verschwand einfach und blieb 41 Jahre in einer Scheune versteckt. Nachdem der Alte Fritz in der DDR wieder salonfähig geworden war, tauchte auch sein Denkmal wieder auf. Nun steht er, zum zweiten Male auf den Sockel gehoben, in der Friedrichstraße. Mehr noch darüber ist an und auch in der Tourist-Information gleich daneben zu erfahren.

ℹ Tourist-Information: Friedrichstr. 1, 15324 Letschin, Tel. +49 33475-57 01 90, www.letschin.de

Der Alte Fritz auf dem Sockel

⑮ Kirchturm – Rest eines zerstörten Schinkel-Baus

Schinkel-Kirchturm

LETSCHIN. Mitten in Letschin steht – ohne Kirche – ein 34 Meter hoher backsteinerner Kirchturm. Eine Ausstellung in seinem Inneren erzählt von der Rettung des dörflichen Wahrzeichens. Das schlichte Gotteshaus – entworfen von Baumeister Karl Friedrich Schinkel – gehörte zu den vielen Kirchen, die in der Umgebung von Seelow am Ende des Zweiten Weltkrieges zerstört beziehungsweise stark beschädigt worden waren. In Letschin hatte der Kirchturm die Kämpfe überstanden und konnte dank des Engagements der Kirchgemeinde gesichert und mehrfach restauriert werden. Die von der Heimatstube im Letschiner Birkenweg betreute Ausstellung im Turm zeigt als Erinnerung an das unzerstörte Gotteshaus auch ein Mini-Kirchenmodell.

ℹ Heimatstube/Kirchturm: Letschiner Birkenweg 1/an der Karl-Marx-Straße, 15324 Letschin, Tel. +49 33475-5 07 97, www.letschin.de
Öffnungszeiten: Mi–Fr 11–17 Uhr, Sa/So 14–17 Uhr

⑯ Oderbruch-Bahn – Wiederbelebung der originellen Art

GROSS NEUENDORF. Die Oderbruch-Bahn, die von Anfang bis Mitte des 20. Jahrhunderts die Entwicklung dieses Landstrichs mitbestimmte, ist schon lange Geschichte. Aber im Erholungs- und Erlebnisort Groß Neuendorf ist sie – für Touristen schick gemacht – am Oder-Ufer wieder aufgelebt. Ein Berliner Architektenbüro entwickelte ein Konzept für die denkmalgeschützten Gebäude der Oderbruch-Bahn im Hafen. Der Verladeturm wurde umgebaut zu einer Ferienwohnung und einem Turmcafé mit Panoramablick über die Auenlandschaft des Flusses. Im ehemaligen Maschinenhaus entstanden Hotel und Restaurant. In den früheren Getreidespeichern befindet sich unter anderem ein Fahrrad- und Kanuverleih. Die ehemalige Brücke bietet sich als lange Bank und Schaukel an. Echtes Bahn-Feeling kommt vor allem bei den denkmalgerecht sanierten fünf Oderbahn-Waggons auf, die auf noch vorhandenen Gleisanlagen am Verladeturm stehen und komplett ausgestattet zum Übernachten einladen – mit unverstelltem Blick auf die Oder morgens beim Aufwachen. Wer noch mehr Eisenbahn haben möchte, kann das Eisenbahn-Museum von Letschin wenige Kilometer südwestlich besuchen. Die ausführliche

Die Hafenanlage von Groß Neuendorf

Geschichte der Oderbruch-Bahn lässt sich zudem auf einer 133 Kilometer langen Radroute erfahren. Die Strecke führt entlang des einstigen Verlaufs der Nebenbahn, die die Städte am Rand mit den Dörfern, Gütern und Fabriken im Bruch verband.

- Verladeturm/Ferienwohnung und Waggons: Hafenstr., 15324 Letschin/ OT Groß Neuendorf, Tel. +49 30-50 56 24 71, www.verladeturm.de
- Verladeturm/Turmcafé: Hafenstr., 15324 Letschin/OT Groß Neuendorf, Tel.+49 30-50 56 24 71, www.verladeturm.de
- Restaurant und Hotel Maschinenhaus: Hafenstr. 2, 15324 Letschin/ OT Groß Neuendorf, Tel. +49 33478-38 77 10, www.maschinenhaus-online.de
- Eisenbahnmuseum: Bahnhofstr. 18 b, 15324 Letschin, Tel. +49 33475-5 03 71, www.evl-letschin.de, Öffnungszeiten: Sa 9–11 Uhr
- www.oderbruchbahnradweg.de
- Tourist-Information: Landfrauencafé, Straße der Freundschaft 12, 15324 Letschin/OT Groß Neuendorf, Tel. +49 33478-49 02, www.gross-neuendorf-landfrauen.de

⑰ Radwegekirche – »Himmel und Erde« zum Innehalten

KIENITZ. Hinter dem Oderdeich bei Kienitz lädt eine Radwegekirche zu einem Zwischenstopp und kurzem Innehalten ein. Im Kirchenschiff des teilrestaurierten, denkmalgeschützen Gotteshauses hat sich zudem ein besonderes Café mit dem bezeichnenden Namen »Himmel und Erde« etabliert und überrascht mit kleinen feinen Angeboten seine Gäste. Man sitzt in seinem Außenbereich tatsächlich dem Himmel ganz nah, denn ein Dach hat dieser Teil der Kirche nicht mehr. Gleichzeitig können sich Gäste

»Himmel und Erde« im Kirchenschiff

über das ungewöhnliche Gotteshaus informieren, das wie der gesamte Ort Kienitz in den Februartagen 1945 schweren Schaden nahm und in den nachfolgenden Jahren schrittweise wieder funktionstüchtig gemacht wurde. Man teilte die Kirche, im vorderen Bereich entstanden eine Wohnung sowie Gemeinderaum und Gebetsraum mit Orgel. Der zerstörte Turm besaß danach nur noch zwei Geschosse und eine runde kurze Haube mit funkgesteuerter Uhr. Das östliche Kirchenschiff samt Giebel blieb Ruine. Mit der Kienitzer Kirche ist der Name der im Oderbruch legendären, 2007 im Alter von 91 Jahren verstorbenen Erna Roder verbunden, Pfarrerswitwe und Künstlerin, die hier wohnte und sich für die Restaurierung stark engagierte. Sie verkaufte dafür ihre naiven Bilder und sammelte Spendengelder. Eine kleine Ausstellung im Gemeinderaum erzählt über sie, im Kirchgarten finden sich immer noch Reste ihrer Figuren aus Stein und Zement.

i Café »Himmel und Erde«: Schulstr. 15, 15324 Letschin/OT Kienitz, Tel. +49 33478-13 40 13, www.kirchencafe-kienitz.de Öffnungszeiten: März bis Mai und September bis Oktober Fr–Mo 11–18 Uhr, Juni bis August Do–Mo 11–18 Uhr

⑱ Kunersdorf und die Frauen von Friedland

KUNERSDORF. Sie waren Mutter und Tochter, galten als Agrarreformerinnen und prägten an der Wende vom 18. zum 19. Jahrhundert Kunersdorf, einen kleinen Ort mit Schloss und Gut in der Nähe von Wriezen: Helene Charlotte von Lestwitz, nach ihrer Scheidung Frau von Friedland, und Henriette Charlotte, spätere Gräfin von

Helene Charlotte von Lestwitz (1754–1803)

Henriette Charlotte Gräfin von Itzenplitz (1772–1848)

Itzenplitz. Beide galten als hervorragende Landwirtinnen und waren sehr geschätzt unter anderem von dem im benachbarten Möglin lebenden Agrarreformer Albrecht Daniel Thaer (siehe S. 86). Helene Charlotte von Lestwitz, eine gebildete und couragierte Frau, hatte nach dem Tod ihres

Vaters dessen Friedländer Güter übernommen, so auch Kunersdorf. Sie
machte daraus ein Mustergut, praktizierte neue Anbaumethoden, galt als
strenge aber fürsorgliche Patriarchin.
Zudem beförderte sie in ihrem Haus
in Anlehnung an die Berliner Salons
einen Musenhof. Nach ihrem Tod 1803
führte Tochter Henriette Charlotte das
Gut weiter und machte Kunersdorf zu
einem geistig-kulturellem Zentrum

Die einzigartige Grabkolonnade

der östlichen Mark, zu einem Treff-
punkt berühmter Persönlichkeiten
wie Staatskanzler Karl August Fürst
von Hardenberg, der schon erwähnte
Thaer, der Dichter und Naturforscher
Adelbert von Chamisso (siehe unten)
sowie vieler Künstler. Ihr werden
Klugheit, Charakterstärke und große
Durchsetzungsfähigkeit nachgesagt.
Beigesetzt sind Mutter und Tochter in
einer klassizistischen Grabkolonnade

Erika Stürmer-Alex: Zur Erinnerung an
die Frau von Friedland

neben der Kunersdorfer Kirche. Dieses adelige Erbbegräbnis für die
Familie von Lestwitz-Itzenplitz gilt mit seinen Arbeiten von berühmten
Bildhauern wie Johann Gottfried Schadow und Christian Daniel Rauch als
Kunstwerk von europäischem Rang.

⓳ Musenhof – Salon und Chamisso-Gedenkstätte

KUNERSDORF. In dem kleinen Ort Kunersdorf südöstlich von Wriezen
entstand vor einigen Jahren in Privatinitiative ein kulturhistorisches
Kleinod, ein Musenhof in der Tradition der im Oderbruch legendären
Frauen von Friedland, die zwischen dem 18. und 19. Jahrhundert am
Ort wirkten und hier auch begraben sind (siehe oben). Die ehemalige
Dependance des einstigen Schlosses von Kunersdorf, eine 1926 erbaute
Villa, ist seither ein gern besuchter Ort für Veranstaltungen nach dem
Muster der Berliner Salons. Mit Lesungen, Vorträgen und Publikationen
befördert die 2010 hier gegründete, weltweit erste Chamisso-Gesell-
schaft den Gedankenaustausch ihrer Gäste. Zudem kann im Haus und
seiner Chamisso-Gedenkstätte eine Ausstellung zu Leben und Werk von

Musenhof Kunersdorf, im Vordergrund
Plastik »Phönix« von Roland Rother

Adelbert von Chamisso besucht werden. Der Dichter der Romantik, der Sprachwissenschaftler und Naturforscher hatte im Sommer 1813 für einige Monate bei den gastlichen Besitzern von Kunersdorf, der Familie von Itzenplitz, gelebt, ein Herbarium zur Flora des Oderbruchs und zu den Garten- und Treibhauspflanzen des Schlosses angelegt und in seiner Freizeit seine berühmte Märchennovelle »Peter Schlehmils wundersame Geschichte« geschrieben. Daran erinnert am Eingang des Schlossparks von Kunersdorf ein Gedenkstein vor einer großen Linde.

> **i** Musenhof und Chamisso-Gedenkstätte: Dorfstr. 1, 16269 Bliesdorf/
> OT Kunersdorf, Tel. +49 33456-15 12 27, www.chamisso-gesellschaft.de
> Öffnungszeiten des Musenhofes: Sa/So 11–18 Uhr und nach Absprache

⑳ Möglin und Albrecht Daniel Thaer

MÖGLIN. Im Jahr 1804 kam Albrecht Daniel Thaer aus dem niedersächsischen Celle, wo er 1752 geboren worden war, in das preußische Oderbruch. Von König Friedrich Wilhelm III. dazu eingeladen, verließ der praktizierende Arzt, Besitzer eines renommierten

Albrecht Daniel Thaer
(1752–1828)

Mustergutes, Gründer des ersten deutschen landwirtschaftlichen Lehrinstituts sowie Autor von für die Landwirtschaft bahnbrechenden Schriften seine Heimatstadt. Ihn hatten schon bei Reisen in den Jahren zuvor die Mark Brandenburg und hier lebende Persönlichkeiten wie die Frauen von Friedland (siehe S. 84) so begeistert, dass er seiner Frau brieflich vorschwärmte: »Dies ist ein Himmel und eine Seligkeit

Thaers Grab hinter der Dorfkirche

hier … Die größte Kultur mit größter Simplizität, der aufgeklärteste Verstand mit der vollkommensten Herzensgüte, unbegreifliche Geschäftigkeit für sich, für andere, für den Staat.« In diesem für ihn produktiven Umfeld konnte Thaer auf seinem Gut Möglin bei Reichenow am Rand des mittleren Oderbruchs die erste deutsche landwirtschaftliche Akademie, die Landwirtschaftliche Akademie Möglin, einrichten. Sie war ab 1819 Königlich Preußische Akademie des Landbaus. In Möglin entwickelte Thaer seine Grundsätze der rationellen Landwirtschaft und wurde damit zum Begründer der deutschen Agrarwissenschaft. Am Ort seines einstigen Wirkens erinnern die Grabstätte hinter der Kirche und eine Büste im Gutspark an den Anreger für »denkende Landwirthe und Cameralisten«. Eine Gedenkstätte für Albrecht Daniel Thaer sowie eine Ausstellung befinden sich in einem Anbau des Gemeindezentrums. Eine kleine Zweitausstellung ist in der Dorfkirche zu besichtigen.

ℹ Gedenkstätte Albrecht Daniel Thaer und Ausstellungen: Hauptstr. 10, 15345 Reichenow/OT Möglin, Tel. +49 33456-3 51 64, www.albrecht-daniel-thaer.org
Öffnungszeiten: April bis September Do–So 11–17 Uhr, Oktober bis März Di–Fr 10–16 Uhr; Öffnungszeiten vor dem Besuch telefonisch bestätigen lassen

㉑ Gesamtkunstwerk – Kirche, Schlossanlage, Park

NEUHARDENBERG. Das Dorf Neuhardenberg am westlichen Rand des Oderbruchs ist berühmt für ein klassizistisches Gesamtkunstwerk von besonderem Rang, bestehend aus Kirche und Schlossanlage sowie einem Park. Die den Ort dominierende Kirche wurde nach einem Dorfbrand im Jahre 1801 nach Plänen von Karl Friedrich Schinkel wieder aufgebaut

Schloss Neuhardenberg von der Parkseite

Die Schinkel-Kirche von Neuhardenberg

und beeindruckt durch ihren hellen, schlichten Innenraum. Als ein
besonderes Gestaltungselement gilt der Sternenhimmel an der Kirchen-
decke, zu dem sich Schinkel durch Mozarts »Zauberflöte« inspiriert
gefühlt haben soll. Im Altar wird das Herz des 1822 verstorbenen Staats-
kanzlers Karl August Fürst von Hardenberg, seit 1814 Eigentümer von
Neu-Hardenberg, aufbewahrt. Die neben der Kirche liegende großzügige
Dreiflügelanlage von Schloss und Kavaliershäusern, vermutlich von Carl
Gotthard Langhans entworfen und später von Karl Friedrich Schinkel
außen und innen geprägt, sowie ein Hotel und der weitläufige Park
sind das Ziel vieler Besucher. Durch das lange leerstehende und wieder
in neuem Glanz erstrahlende Schloss werden Führungen angeboten.
Eine Dauerausstellung im Kavaliershaus Ost erzählt über das Dorf und
auch, warum es viermal seinen Namen wechselte – einst Quilitz, dann
Neu-Hardenberg, später Marxwalde war und nun Neuhardenberg ohne
Bindestrich ist. Der Park am Schloss gilt mit seinen Gewässern, Baum-
gruppen und Sichtachsen als eines der schönsten Beispiele märkischer
Gartenbaukunst. Anfang der 1820er Jahre geprägt von Peter Joseph
Lenné und Hermann Fürst von Pückler-Muskau sowie dem englischen
Gartenkünstler John Adey Repton, wurde er 100 Jahres später von Sans-
souci-Gartenbaudirektor Georg Potente umgestaltet. Heute sind die
alten Sichtachsen wieder hergestellt. Neue Bereiche wie ein Rosengarten
östlich des Schlosses wurden eingegliedert. In Neuhardenberg finden das
ganze Jahr über vielfältige Veranstaltungen statt.

ℹ️ Kirche: Schinkelplatz, 15320 Neuhardenberg,
Tel. +49 334776-5 02 96, www.schinkel-kirche.de,
Öffnungszeiten: Juni bis Oktober Di–Fr 12–15 Uhr, Sa/So 12–17 Uhr

ℹ️ Kavaliershaus Ost und Schloss: Schinkelplatz, 15320 Neuhardenberg,
Tel. +49 33476-60 07 50, www.schlossneuhardenberg.de
Öffnungszeiten der Ausstellungen im Kavaliershaus: Mitte März bis Oktober
Di-Do und Feiertage 10–18 Uhr, November bis Mitte März Sa/So 11–16 Uhr,
Schloss-Besichtigungen: Ende März bis Oktober So 13–18 Uhr,
Führungen 13, 14.30 und 16 Uhr

ℹ️ Tourist-Information: Karl-Marx-Allee 23, 15320 Neuhardenberg,
Tel. +49 33476-6 04 77, www.neuhardenberg-information.de

㉒ Kleinode – Molkenhaus sowie Schul- und Bethaus

BÄRWINKEL/ALTLANGSOW. Das zwischen 1802 und 1803 gebaute Vorwerk
Bärwinkel bei Neuhardenberg an der Straße nach Letschin war früher ein
beliebtes herrschaftliches Ausflugsziel. Angelegt wie eine Farm, genoss
man hier frische Milch und Käse. Mittelpunkt des Vorwerks bildete das
von dem jungen Karl Friedrich Schinkel entworfene Molkenhaus aus dem
dunklen rötlichen Raseneisenstein der Umgebung. Das Molkenhaus gilt
als Auftakt zum genialen Gesamtwerk des damals knapp Zwanzigjährigen.
Fast sieht das profane Gebäude wie eine mittelalterliche Kirche aus. Ein
rühriger Verein hat es rekonstruiert und zeigt die Ausstellung »Der junge
Schinkel 1800–1803« sowie einen sehenswerten Film.
Ein weiteres Schinkel-Kleinod steht am Ende des kleinen Dorfes Altlangsow
nordöstlich von Seelow. Inzwischen Preußens oberster Architekt, fertigte
Schinkel Pläne für Schul- und Bethäuser in kleinen Gemeinden an. Das
27 Meter lange Fachwerkgebäude in Altlangsow ist eine Variante davon. Es
beherbergte einen Betsaal mit hölzernem Tonnengewölbe, eine Einklassen-
schule und eine Lehrerwohnung. Der verfallende Schinkel-Bau wurde seit
den 1980er Jahren wieder instand gesetzt. Dank eines Fördervereins finden

Schul- und Bethaus Altlangsow

Molkenhaus Bärwinkel

hier Ausstellungen angewandter und bildender Kunst sowie fotografischer Arbeiten, Keramik-Symposien, Konzerte und Lesungen statt. Im ehemaligen Pfarrhaus nebenan lebte bis zu seinem Tod 2010 der Bildhauer Werner Stötzer, erkennbar an Plastiken vor dem Haus und im Garten. Ihm ist die denkmalpflegerische Rettung des Schul- und Bethauses zu verdanken.

🔴 Molkenhaus: 15320 Neuhardenberg/OT Bärwinkel,
Tel. +49 30-44 35 81 26, www.foerderverein-baerwinkel.de
Öffnungszeiten: April bis Oktober Fr 15–18, Sa/So und Feiertage 10–18 Uhr

🔴 Förderverein Schul- und Bethaus: Altlangsow 11, 15306 Seelow
www.kunst-im-schul-und-bethaus-altlangsow.de

㉓ Kunstspeicher – Magnet nicht nur für Kulturfreunde

FRIEDERSDORF. Ein vorbildlich sanierter sechsbödiger Getreidespeicher mit erhaltener Speichertechnik aus dem Jahr 1923 wird in Friedersdorf an der B 167 südlich von Seelow für Kunst und Kultur, als Laden sowie als Wirtshaus genutzt. Nach 1990 brauchte den vormals modernsten Speicher der Region keiner mehr, er drohte zu verfallen. Doch das stattliche Gebäude konnte gesichert werden – mit einem Nutzungskonzept als Kulturzentrum und Museum, dem Kauf durch die Gemeinde und einem Platz auf der Denkmalliste. Im September 1991 wurde die erste Ausstellung mit einem Klavierkonzert eröffnet. Bald hieß der alte

Kunstspeicher an der B 167

Getreidespeicher »Kunstspeicher an der B 167« und hat sich weit über das Oderbruch hinaus einen Namen gemacht. Man kommt hierher, um Lesungen, Konzerte, Theater und Feste zu erleben. Zu sehen sind Ausstellungen der verschiedensten Art. Das rustikale Wirtshaus mit Steinbackofen im Erdgeschoss bietet regionale Küche in gemütlicher Atmosphäre. Im Obergeschoss lässt sich ausgiebig stöbern zwischen vielen Produkten aus der Region.

i Kunstspeicher/Wirtshaus im Speicher: Frankfurter Str. 39, 15306 Vierlinden/ OT Friedersdorf, Tel. +49 3346-84 38 56, www.kunstspeicher-friedersdorf.de Öffnungszeiten: SpeicherLaden Di–So 11–18 Uhr, Wirtshaus Di–So ab 11 Uhr

㉔ Filmmuseum – Großprojekt mit Kultcharakter

GOLZOW. Mit ihrem Filmmuseum »Kinder von Golzow« hat sich die Gemeinde Golzow östlich von Seelow eines außergewöhnlichen Großprojektes angenommen. In diesem Dorf entstand über mehrere Jahrzehnte die filmische Langzeit-Dokumentation »Die Kinder von Golzow« der Berliner Dokumentaristen Barbara und Winfried Junge.

Wegen ihrer ungeschminkten Einblicke in individuelle Lebensläufe und geschichtliche Prozesse besaß sie in der DDR Kultcharakter und konnte auch nach 1990 fortgesetzt werden. Insgesamt liegen 70 Kilometer Filmmaterial vor. Die Filmemacher drehten von 1961 bis 2007 mit 18 Protagonisten der Jahrgänge 1953 bis 1955 aus dem Oderbruch-Dorf 19 Filme. Kurz nach dem Mauerbau 1961 hatten sie mit den Dreharbeiten begonnen, verfolgten die Schulzeit der Kinder und Jugendlichen sowie berufliche und private Lebenswege in der DDR, während der Wende und im vereinten Deutschland. Damit entstand die längste Langzeit-Dokumentation der Filmgeschichte. Fast originalgetreu ist in einigen Räumen des Golzower Gemeinde-

Im Filmmuseum

zentrums der funktionstüchtige Schneideraum des alten Studios von Barbara und Winfried Junge wieder aufgebaut. Zur Ausstellung gehören neben einer 35-mm-Kamera, einem Landfilmprojektor aus den 1960er Jahren mit Leinwand sowie vielen Dokumenten vor allem die Filme über »Die Kinder von Golzow«, die man sich hier anschauen kann.

🟥 Filmmuseum »Kinder von Golzow«: Hauptstr. 16, 15328 Golzow/Oderbruch, Tel. +49 33472-5 18 82, www.kinder-von-golzow.com, www.kinder-von-golzow.de
Öffnungszeiten: März bis Oktober Di–Fr 10–17 Uhr und Sa/So 11–17 Uhr, November bis Februar Di–So 11–16 Uhr

㉕ Oder-Culinarium – der Geschmack der Region

GOLZOW. Vor der Tür steht ein witziges Oderbruch-Rad. Das ganze Haus schmücken im Inneren die Bilder des Großvaters, der das Oderbruch vielfach malte. Und auf der Speisekarte mit Gerichten wie Oderbrucher Fischsüppchen und Neutrebbiner Entenbrust mit Apfel-Rotkohl ist die kleine Odernixe platziert. Mit dieser Sagengestalt, der einstige Oder-bruch-Bewohner die magischen Kräfte eines Wassergeistes zuschrieben, gibt man im familiären, gemütlichen Gasthaus Wagner in Golzow zu ver-stehen: Man gehört dem Verbund Oder-Culinarium an und bereitet seine Gerichte vorwiegend mit Produkten aus der Region zu. Dieser Verbund vereinigt Restaurants und Landgasthöfe, Gaststuben und Hofcafés sowie Fischer, Jäger und Landwirte kleinerer und größerer Betriebe. Gemein-sam ist ihnen, bei aller Verschiedenheit, die Begeisterung für Gemüse, Fleisch und Fisch aus der Umgebung und die Gerichte des Oderlandes. Die blonde Odernixe dient als Markenzeichen.

🟥 www.oder-culinarium.com

🟥 Gasthaus und Pension Wagner: Hauptstr. 67, 5328 Golzow, Tel. +49 33472-5 02 96, www.gasthaus-pension-wagner.de
Öffnungszeiten: täglich 11–14 Uhr, ab 17 Uhr

Gasthof Wagner in Golzow

Oderbruch-Rad am Eingang

26 Seelow und Werner Otto

SEELOW. An der dominanten Seelower Stadtkirche, die der vom Zweiten Weltkrieg dauerhaft gezeichneten Stadt am Rand des Oderbruchs eine Mitte gibt, ist eine kleine Tafel angebracht. Auf ihr wird dem gebürtigen Seelower Werner Otto, dem späteren Hamburger Kaufmann und Versandhausgründer, gedankt für eine großzügige Spende, mit der der Kirchturm der Pfarrkirche wieder aufgebaut und im April 1998, 55 Jahre nach seiner Sprengung durch

Werner Otto
(1909–2011)

die Wehrmacht, eingeweiht werden konnte. Geboren wurde Otto am 13. August 1909, getauft in dieser Kirche am 7. November 1909. Die Ottos wohnten in der heutigen Frankfurter Straße 57. Eine Gedenktafel ist an dem Haus, in dem sich heute ein Schuhgeschäft befindet, angebracht. Allerdings lebte Werner Otto nur zwei Jahre hier. Der Junge besuchte im uckermärkischen Schwedt die Schule und in Prenzlau das Gymnasium. Nach einer kaufmännischen Lehre in Angermünde machte er sich als Einzelhandelskaufmann in Stettin selbständig. Otto war nach 1945 einer der ersten erfolgreichen deutschen Unternehmer, seine Familie nahm regelmäßig auf der Liste der reichsten Deutschen vordere Plätze ein. Zugleich ließ er einen Teil seines Vermögens für soziale Zwecke in Stiftungen und Einrichtungen fließen. Dass die Seelower Stadtkirche, einst neu errichtet nach Entwürfen eines hiesigen Bauinspektors sowie von Karl Friedrich Schinkel und eingeweiht 1832, zu einem Besuchermagnet werden konnte, ist – neben staatlichen und kirchlichen Fördermitteln – einer weiteren finanziellen Unterstützung des 2011 verstorbenen Otto zu verdanken. Sie ermöglichte zum 750. Stadtjubiläum im Jahr 2002 eine Renovierung des Sakralraumes im lichten, modern und traditionell in Weiß gestalteten Kirchenschiff.

Seelows Stadtkirche

ℹ️ Evangelische Stadtkirche:
Am Markt, 15306 Seelow,
Tel. +49 3346-80 59 20 (Pfarramt)

ℹ️ Tourist-Information:
Mittelstr. 10, 15306 Seelow,
Tel. + 49 3346-84 98 08,
www.oderbruch-tourismus.de

㉗ Außenforts – Mauern, Tunnel, Gewölbe

GORGAST/ŻABICE. An der B 1 zwischen Seelow und Küstrin-Kietz lädt das Fort Gorgast zu einem Zwischenstopp ein, bevor es vielleicht weiter in Richtung Festung Küstrin/Kostrzyn (siehe S. 107) und zu Resten des Forts Säpzig/Żabice auf polnischer Seite gehen soll. Die Forts Gorgast und Säpzig gehören zum zwischen 1883 und 1889 errichteten Verteidigungsring dieser Festung mit ihren insgesamt vier Außenforts. Gorgast ist das einzige Fort auf der westlichen Oderseite und gleichzeitig das am besten erhaltene. Millionen von Ziegelsteinen wurden hier verbaut für mächtige Mauern, Tunnel und Gewölbe. Diese militärische Anlage diente der Kontrolle des westlichen Oderufers und als Rückzugsraum für eventuelle Truppenbewegungen. Von Anfang an hatte es jedoch keinen nennenswerten militärischen Nutzen. Im Frühjahr 1945 besetzte die Rote Armee das Fort, die NVA nutzte es später als Lager. Ein Verein bemüht sich um seinen Erhalt als Denkmal und hat es touristisch erschlossen. Hier finden neben Besichtigungen auch Konzerte und Feste statt. Der Festungsgraben ist ein Angler-Paradies.

Jenseits der Oder befinden sich an der Straße 31 südlich von Kostrzyn am Abzweig Ługi Górzyckie/Görlitz Bruch die Reste des Forts Säpzig/Żabice, gut zu erreichen von einem Parkplatz mit Infotafeln.

ℹ️ Fort Gorgast: Haus 3, 12328 Küstriner Vorland,
Tel. +49 33472-5 16 32, www.fort-gorgast.de
Öffnungszeiten: Die aktuellen Öffnungszeiten sind der Homepage zu entnehmen. Führungen können telefonisch angemeldet werden.

Am Fort Gorgast

Tour für Grenzgänger zu Gedenkorten

Entlang der Oder vom Grenzübergang Hohenwutzen/Osinów Dolny und bis
kurz vor Frankfurt/Oder erinnern beiderseits des Flusses Friedhöfe und Ge-
denkstätten, Denkmäler und Museen an das Ende des Zweiten Weltkrieges
und die unvorstellbar grausamen Kämpfe in diesem Gebiet im Frühjahr
1945 sowie ihre Abertausenden Opfer auf allen beteiligten Seiten.

Friedhof und Museum – Erinnern an Polens Soldaten

Friedhof Siekierki

SIEKIERKI/ZÄCKERICK und STARE
ŁYSOGÓRKI/ALT LIETZEGÖRICKE.
Geschätzte 200 000 polnische
Soldaten verloren im Zweiten
Weltkrieg ihr Leben. 2000 von
ihnen wurden seit 1973 auf dem
mit symbolischen Kreuzen und
einer 18 Meter hohen Granitstele
des Bildhauers Sławomir Lewiński
gestalteten Friedhof Siekierki/
Zäckerick beigesetzt. Sie starben
während der Berliner Operation
der Sowjetunion und beim Sturm
auf Berlin zwischen April und Mai
1945. Zu erreichen ist dieser große
Friedhof vom Grenzübergang Hohenwutzen aus auf der Straße 126 Richtung Mieszkowice/Bärwalde. Auf dem Weg zum etwas abseits liegenden,
aber ausgeschilderten Friedhof befindet sich das direkt an Straße gelegene
Museum der 1. Polnischen Armee von Stare Łysogórki/Alt Lietzegöricke,
wo unter anderem die Kopie des ersten polnischen Grenzpfahles, der an
der Oder bei Czelin/Zellin in die Erde geschlagen wurde (siehe S. 96),
sowie Dokumente dazu zu sehen sind. Vor dem Museum steht sein
größtes Exponat – ein russischer Panzer, der den 1290 Kilometer langen
Kampfweg von Shitomir in der nördlichen Ukraine über Warschau und
Gozdowice/Güstebiese bis zur Elbe zurücklegte.

> **i** Museum der 1. Polnischen Armee Stare Łysogórki/Muzeum Pamiątek 1 Armii
> Wojska Polskiego w Starych Łysogórkach: Am Friedhof Siekierki,
> Tel. +48 91-4 14 52 64 (Stadtamt Mieszkowice)
> Öffnungszeiten: Mitte April bis Mitte September Di–So 10–16 Uhr,
> im Winter nur organisierte Gruppen

Denkmal und Ausstellung – Würdigung der Pioniere

Denkmal für die gefallenen Pioniere

GOZDOWICE/GÜSTEBIESE. Im kleinen Gozdowice/Güstebiese am Oderhang, wenige Kilometer westlich von Mieszkowice/Bärwalde, steht zur Erinnerung an die polnischen Soldaten, die als Pioniere an der Oder kämpften und dabei ihr Leben ließen, das Denkmal »Zum Lob der gefallenen Pioniere« sowie ein Museum zur Erinnerung an die Pioniere der 1. Polnischen Armee. Es befindet sich in dem Gebäude, das vor der Oder-Überquerung von Roter Armee und 1. Polnischer Armee vom 14. bis 20. April 1945 der Sitz des Kommandeurs der polnischen Pioniertruppen war. Gezeigt werden dort unter anderem Frontkarten, Fotos, Modelle und originale Boote, Amphibienfahrzeuge sowie Ponton-Brückenteile.

i Museum zur Erinnerung an die Pioniere der 1. Polnischen Armee/Muzeum Pamiątek Wojsk Inżynieryjnych 1 Armii Wojska Polskiego: Gozdowice 21, 74-505 Mieszkowice, Tel. +48 91-4 14 52 64 (Rathaus Mieszkowice) Öffnungszeiten: Mitte April bis Mitte September Di–So 10–16 Uhr, im Winter nur organisierte Gruppen

Grenzpfahl-Stele – erste Markierung mit weißem Adler

CZELIN/ZELLIN. Am 27. Februar 1945 schlugen Soldaten des 6. Brücken- und Ponton-Bataillons der 1. Polnischen Armee am östlichen

Obelisk bei Czelin

Oderufer bei Zellin, heute Czelin, den ersten Grenzpfahl an der neuen Westgrenze Polens ein. Es war ein geschnitzter Holzpfahl mit weißem polnischen Adler und der Aufschrift »Polska«. In das kleine Dorf Czelin führt kurz hinter Gozdowice/Güstebiese Richtung Mieszkowice/Bärwalde eine gut ausgeschilderte Straße. Dicht am Oderufer steht ein dem Grenzpfahl nachempfundener, 1968 eingeweihter Obelisk. Schautafeln informieren in Polnisch und Deutsch über den historischen Akt, bei dem auch ein Dokument mit folgendem Wortlaut unterzeichnet wurde: »Unsere Truppe hat als die erste Truppe der Polnischen Armee, die die westliche Grenzgebiete erreichte, zur ewigen Erinnerung einen Grenzpfahl an der Oder, dem alten polnischen Fluss, eingerammt. Zum Gedenken an diesen historischen Moment, nach dem wir so lange strebten, setzen wir feierlich unsere eigenhändige Unterschriften …«. Das in seinem Wortlaut historisch interessante Dokument wurde in eine Flasche gelegt, verschlossen und an den Pfahl gebunden. Das geborgene Original des Grenzpfahles sowie besagtes Dokument befinden sich heute im Museum der polnischen Armee in Warschau, Kopien sind im Museum am Friedhof Siekierki (siehe S. 95) zu besichtigen.

Shukows Gefechtsstand – Blick Richtung Seelow

REITWEIN. Ein etwa 30-minütiger Fußmarsch durch den dichten Wald bei Reitwein südöstlich von Seelow, beginnend am russischen Soldaten-Friedhof im Ort, führt durch den Tränkegrund hinauf zum Gefechts-stand des sowjetischen Oberbefehlshabers Marschall Georgi Shukow zu Beginn der Berliner Großoffensive der Roten Armee an der Oder im Frühjahr 1945. Über Ver-bindungsgräben erreichte man von einem Holzbunker aus den Beobachtungsposten. Bäume und Strauchwerk versperren in-zwischen die Sicht auf die flache Oderbruch-Niederung. Damals noch kleinwüchsig, erlaubten sie Shukow und seinem Stab den Blick in nordwestliche Richtung auf Seelow, wo Mitte April 1945 eine gewaltige Schlacht stattfinden sollte. Auf Informationstafeln sind Erinnerungen daran zu lesen von

Eingang zum Bunker

sowjetischen Generälen (Generaloberst Tschuikow: »Die ganze Oder-niederung scheint zu schwanken …«) und von deutschen Soldaten (Friedhelm Schöneck, 309. Infanteriedivision: »Zum Maulwurf möchte man werden … Wir zittern und beten …«). Den nach Kriegsende ver-schütteten Bunker legten NVA-Soldaten im Oktober 1989 frei. Er diente als Modell für das Museumsgebäude in Seelow (siehe S. 98).

Gedenken – Monumente, Museum, Gräber

KIENITZ/SEELOW. Im Zentrum des kleinen Oderbruchortes Kienitz nordöstlich von Seelow stehen ein Panzer-Denkmal und ein Mahnmal für alle
Opfer des Zweiten Weltkrieges. Am 29. Januar 1945, Wochen vor ihrer
Berliner Großoffensive, hatte die Rote Armee hier am Westufer der Oder
ihren ersten Brückenkopf – vier Kilometer breit, zwei Kilometer tief – errichtet. Die Menschen flüchteten, bei nachfolgenden Kämpfen im Februar
wurde der Ort samt seiner Kirche zu 80 Prozent zerstört (siehe S. 84).
Mitte April 1945 fand dann auf den nahen Seelower Höhen die größte
Schlacht des Zweiten Weltkrieges auf deutschem Boden statt, erbittert
und vier Tage lang. Deutsche Truppen stellten sich letztmalig einem hoff-
nungslos überlegenen Gegner entgegen. Hunderttausende Soldaten, 14 000 Ge-
schütze, 5000 gepanzerte Fahrzeuge und gleichviel Flugzeuge waren im
Einsatz. Auf dem riesigen Schlachtfeld starben 100 000 Soldaten verschiedenster Nationen. Insgesamt 169 deutsche und sowjetische Kriegsgräberstätten
gibt es im heutigen Landkreis Märkisch Oderland. In Seelow erinnern die
sowjetischen Soldatengräber in der Gedenkstätte Seelower Höhen sowie
die deutschen Soldatengräber auf dem Stadtfriedhof an die bei den Kämpfen
Gefallenen. Zur Gedenkstätte gehört ein Museum, dessen Gebäude dem so
genannten Shukow-Bunker auf dem Reitweiner Sporn (siehe S. 97) nach-

Das Seelower Rotarmisten-Denkmal

empfunden ist. Die multimediale Dauerausstellung zeigt den Schlachtweg
von der Oder nach Berlin, widmet sich der Geschichte der Gedenkstätte
sowie deren Gestaltung nach 1989. Auf einem Hügel über den Soldaten-
gräbern richtet die vier Meter hohe Bronzefigur eines jungen Rotarmisten
den Blick nach Berlin. Es ist eine noch 1945 entstandene Arbeit der
sowjetischen Bildhauer Lew Kerbel und Wladimir Zigal.

🔴 Museum: Küstriner Str. 28 a, 15306 Seelow, Tel. +49 3346-5 97,
www.gedenkstaette-seelower-hoehen.de
Öffnungszeiten: April bis Oktober Di–So und Feiertag 10–17 Uhr,
November bis März Di–So 10–16 Uhr

Zubettungsfriedhof – letzte Ruhe für deutsche Soldaten

LIETZEN. Mehr als 1800 Soldaten der Wehrmacht, die in den letzten Kriegswochen in der Umgebung von Seelow starben, haben auf dem zentralen Umbettungsfriedhof in Lietzen eine letzte Ruhestätte gefunden. Der kurz hinter Seelow liegende deutsche Soldatenfriedhof war bereits im Frühjahr 1945 angelegt und im April 1945 von den Kampfhandlungen überrollt worden. Die Anlage blieb bestehen und wurde in privater Initiative erhalten und gepflegt. Bis 1990 waren unter Birken 545 Tote beigesetzt worden. Nach einer Sanierung erhielt der Friedhof ein weiteres Gräberfeld. Noch heute wird er als Zubettungsfriedhof für erst jetzt gefundene Kriegstote ge-nutzt und nach Bedarf erweitert.

Auf dem Soldatenfriedhof Lietzen

Kirchenruine – Tafeln der Erinnerung

MALLNOW. Im kleinen Dorf Mallnow im südlichen Oderbruch fanden in den Märztagen 1945 erbitterte Kämpfe statt, 30-mal wechselten die »Besitzer«. Auch die Kirche wurde zerstört und blieb bis heute eine Ruine. Mallnower Einwohner gedenken der Kriegsopfer auf besondere Weise: Zum einen ließen sie eine Installation aus Holz und Draht an einer Außenwand anbringen. Zum anderen sind im Inneren der Ruine sowohl die Erinnerungen des Sohnes eines deutschen Gefallenen als auch die der Angehörigen eines gefallenen russischen Soldaten auf bebilderten Tafeln zu lesen. Die Überschriften sprechen für sich: »Ich wünschte in stillen Stunden, Vater möge aus dem Foto kriechen und mit mir reden« und »Sie haben ihn stets gesucht. Jetzt kennen sie sein Grab«. Eine dritte Platte ist noch frei, sie ist für die Erinnerung an einen gefallenen polnischen Soldaten vorgesehen.

Installation von Roland Rother

4 Seite 102–121

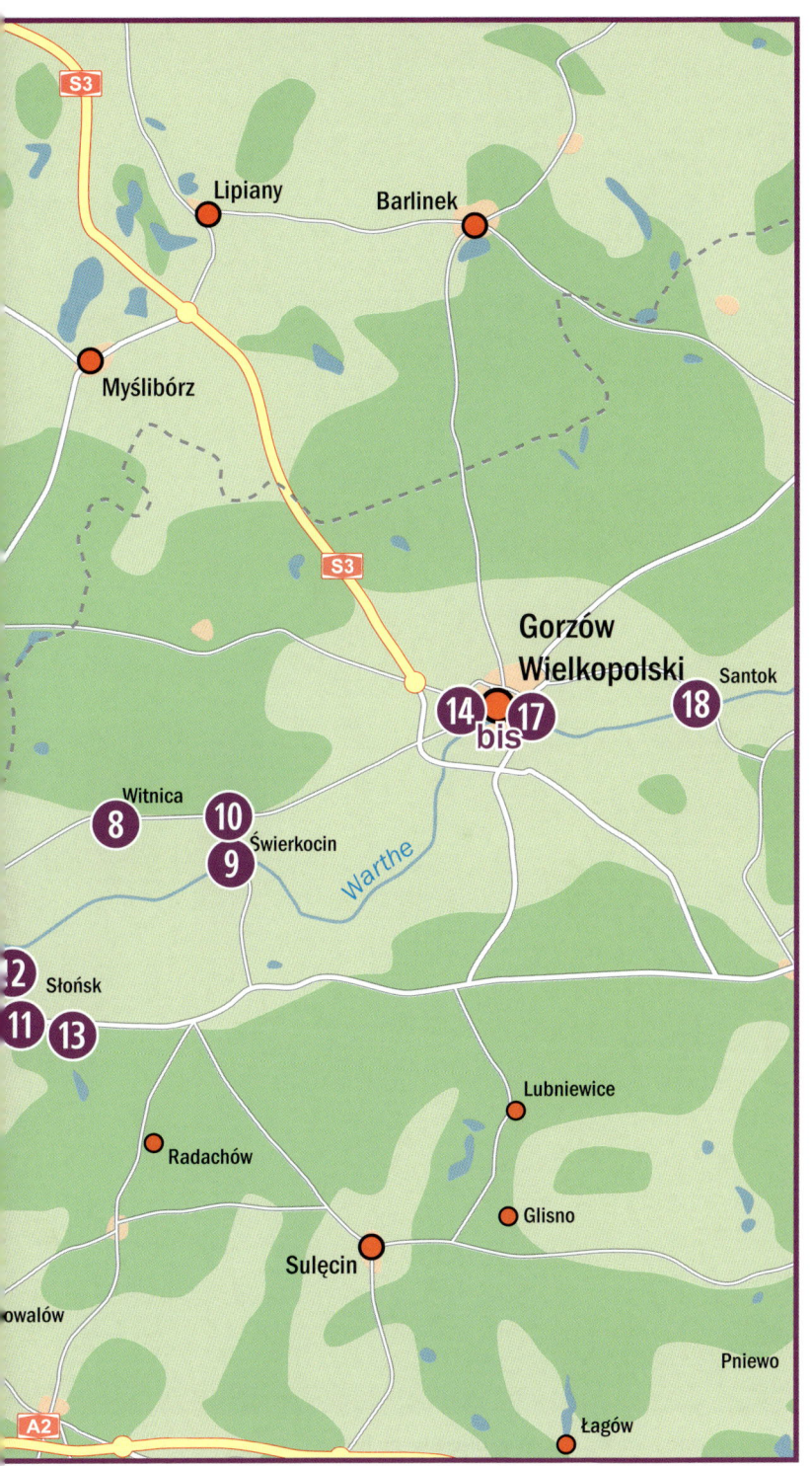

Im Nationalpark Warthemündung/Ujście Warty bei Słońsk

In und um Warthebruch und Ujście Warty

Eine interessante Gegend lernt kennen, wer die Oder bei Hohenwutzen oder Kostrzyn/Küstrin überquert. Hier verbrachte Preußenkönig Friedrich II. als Kronprinz Jugendzeit und ließ Jahre danach das Warthebruch trockenlegen. Aus Landsberg an der Warthe floh Anfang 1945 die spätere Schriftstellerin Christa Wolf gen Westen, davon erzählend in ihrem Roman »Kindheitsmuster«. Noch heute konfrontiert das östliche Oderufer mit den Kämpfen im Frühjahr 1945. Trotz aller Historie sollte Zeit sein für die Vogelrepublik im Nationalpark Warthemündung/Ujście Warty, für das moderne Gorzów Wielkopolski oder auch die Autofähre »Bez Granic«.

▪▪▪▪▪▪▪▪▪▪▪▪▪▪▪▪▪▪▪▪▪▪▪▪▪▪▪▪▪▪▪▪▪▪▪▪

❶ Schauanlage – Nekropole am Oderhang

CZELIN/ZELLIN. Eine attraktive Schauanlage zu einer uralten Begräbnisstätte/Nekropole entstand bei Czelin/Zellin am Oderhang in der Nähe des Obelisken, der an den ersten polnischen Grenzpfahl vom Frühjahr 1945 erinnert (siehe S. 96). Im Jahre 2003 hatten Czeliner Schüler zufällig in der dortigen Kiesgrube archäologische Spuren entdeckt. Die Funde kamen nach Szczecin/Stettin ins Nationalmuseum, und Archäologen arbeiteten zwischen 2004 und 2006 auf dem Fundort am Rande des Odertales. Die Fundstelle gehört zu einem der umfangreichsten Gräberfelder der so genannten Lebuser Gruppe, die zwischen dem 1. und 3. Jahrhundert u. Z. die Gebiete an der Unteren Oder, der Uckermark und der Soldiner Seenplatte besiedelte. Insgesamt 41 archäo-

Schauanlage der Nekropole von Czelin

Nachgestaltete Verbrennung

logische Objekte wurden in weit gestreuten Gräbern entdeckt, so Waffen aus Kriegergräbern und schön geschmückte handgefertigte Lehmgefäße sowie Reste von hier bestatteten Menschen. Sie waren in Brandgräbern beigesetzt, d.h. man hatte die Verstorbenen zuvor auf Scheiterhaufen verbrannt. Solch eine Verbrennung ist lebensgroß nachgestaltet in einer Schauvitrine. Auch ein Tongefäß zur Aufbewahrung von Ascheresten wird hinter Glas gezeigt. Informationstafeln erläutern in Polnisch und Deutsch den Fund.

❷ Mieszkowice und Mieszko I.

MIESZKOWICE/BÄRWALDE. Auf dem Marktplatz von Mieszkowice/Bärwalde steht, geschaffen von dem Bildhauer Sławomir Lewiński, auf dem Sockel eines ehemaligen Kriegerdenkmals seit 1957 ein Denkmal von Mieszko I., dem ersten nachweisbaren Polanenfürst und seit etwa 960 Herzog von Polen. Es gibt die polnische Legende aus der Nachkriegszeit, dass Bärwalde von ihm gegründet worden sein soll,

Mieszko I.
(922/945–992)

er habe zudem in der Gegend zwei Bären erlegt. Zu beweisen ist das nicht, obwohl im Wappen der Stadt seit dem Mittelalter zwei Bären abgebildet sind. Die Gründung von Bärwalde wird dem hiesigen Rittergeschlecht Behr zugeschrieben, 1317 erhielt der Ort als »Berenwalde« die Stadtrechte. Nach 1945 wurde er symbolhaft umbenannt in Mieszkowice – nach Mieszko, dem ersten Piastenherzog. Die Polen verehren ihn als Schöpfer des polnischen Nationalstaates, sein Reich hatte Grenzen, die den heutigen polnischen Staatsgrenzen sehr nahe waren. Mieszko I. nahm

Denkmal für Mieszko I.

das Christentum an und zusammen mit ihm ließ sich ganz Polen taufen. Ihm wird Klugheit sowohl innen- als auch außenpolitisch nachgesagt. Mit seinem Namen ist auch die Schlacht bei Zehden (siehe S. 65) verbunden, die seine Macht stärkte.

ℹ️ Tourist-Information: Rathaus, ul. Chopina 1, 74-505 Mieszkowice, Tel. +48 91-414 52 76, www.mieszkowice.pl

ℹ️ Tourist-Information: Anlegestelle der Fähre »Bez Granic«, 74-505 Gozdowice

❸ Oderfähre – »Bez Granic« bislang ohne Beispiel

GOZDOWICE/GÜSTEBIESE. Schon vor fast 300 Jahren querte eine Fähre zwischen Güstebiese, dem heutigen Gozdowice, und Güstebieser Loose die Oder. Ab 1815 gab es dann eine große, rund um die Uhr aktive Wagenfähre für den Straßenverkehr von der Neumark durch das Oderbruch in den Barnim. Später nutzten auch Berliner Sommerfrischler die bis 1945 aktive Fährverbindung zum beliebten Badestrand bei Güstebiese, das sich zum Luftkurort gemausert hatte, als Perle der Oderranddörfer galt und auf der so genannten Riviera der Neumark lag. Nach Kriegsende kam der Fährverkehr zwischen den nun zweisprachigen Oderufern zum Erliegen, die letzte Fähre war bei den Kampfhandlungen an der Oder im Frühjahr 1945 verloren

Fähre »Bez Granic«

gegangen. Seit Oktober 2007 verkehrt zwischen Gozdowice und Güstebieser Loose wieder eine Fähre – die Autofähre »Bez Granic«/»Ohne Grenzen«, ein motorisierter Raddampfer für maximal sechs Autos und bis zu 20 Passagiere samt Fahrräder. Die feste Fährverbindung wurde dank vieler beidseitiger Aktivitäten und EU-Förderung möglich. Es ist die bislang einzige Oderfähre zwischen Deutschland und Polen, betrieben von der Gemeinde Mieszkowice/Bärwalde. Am Fährgebäude in Gozdowice lädt an den Wochenenden während der Saison das deutsch-polnische Kunstcafé »Kawa, Kunst und Co.« zu einem Besuch ein.

ℹ️ Fähre »Bez Granic« in Gozdowice: Die Fähre verkehrt zwischen April und Oktober. Info-Telefon auf deutscher Seite +49 33456-3 99 60, aktuelle Fährzeiten auf www.barnim-oderbruch.de

❹ Sellin und Gottfried Benn

ZIELIN/SELLIN. Etwa sechs Kilometer östlich
von Mieszkowice/Bärwalde liegt das Bauerndorf
Zielin/Sellin. Hier verbrachte der Dichter und Essay-
ist Gottfried Benn seine Kindheitsjahre. Er war einer
der Söhne des dortigen Pastors, als zweitältestes
von acht Kindern 1886 noch in der brandenburgischen Westprignitz geboren. In seiner Prosaschrift
»Lebensweg eines Intellektualisten« (1934) ist viel
über Benns Jahre in Sellin zu erfahren. So heißt es

Gottfried Benn
(1886-1956)

dort auch: »Als ich ein halbes Jahr
alt war, zogen meine Eltern nach
Sellin in der Neumark; dort wuchs
ich auf. Ein Dorf mit 700 Einwohnern in der norddeutschen Ebene,
großes Pfarrhaus, großer Garten,
drei Stunden östlich der Oder. Das
ist auch heute noch meine Heimat,
obgleich ich niemanden mehr dort
kenne, Kindheitserde, unendlich
geliebtes Land. Dort wuchs ich mit
den Dorfjungen auf, sprach platt
und wenn es nicht die Arbeiter-
jungen waren, waren es die Söhne

Die Kirche von Zielin

des ostelbischen Adels, mit denen ich umging.« In Gedichten wie diesem
aus dem Jahr 1949 ist Benns enge Beziehung zu Sellin und zum Oder-
Fluss spürbar:

> »Es ist ein Garten, den ich manchmal sehe
> östlich der Oder, wo die Ebenen weit ...
> Es ist ein Knabe, dem ich manchmal trauere,
> der sich am See in Schilf und Wogen ließ,
> noch strömte nicht der Fluß, vor dem ich schauere,
> der erst wie Glück und dann Vergessen hieß.«

Der junge Benn besuchte in Frankfurt/Oder das Gymnasium, fand über
den Umweg eines Studiums der Theologie und der Philosophie zur Medizin und praktizierte danach vor allem in Berlin als Arzt. Bei seinem Tod
1956 hinterließ er ein umfangreiches Werk an Lyrik, Essays und Prosa.
Sein Grab befindet sich auf dem Waldfriedhof in Berlin-Dahlem.

❺ Friedrichshügel – Erinnerung an eine große Schlacht

SARBINOWO/ZORNDORF. Geschichtskundige wissen: Schlacht von Zorndorf, heute Sarbinowo, 25. August 1758, geschlagen von der preußischen und der russischen Armee während des so genannten Siebenjährigen Krieges in Odernähe. Es war eine der blutigsten Auseinandersetzungen dieses Krieges, siegreich für die Preußen unter Friedrich II., aber mit großen Opfern auf beiden Seiten: Die Russen verloren 22 000 Mann und 85 Kanonen, die Preußen 12 000 Soldaten und 26 Kanonen. Dem Alten Fritz errichtete man dafür auf dem Friedrichshügel bei Zorndorf 1826 ein Postament mit der Inschrift »Hier stand Friedrich der Große 25.8.1758«, es wurde im Zweiten Weltkrieg zerstört. Über viele Jahrzehnte lag an dieser Stelle ein Steinhaufen. Seit 2010 ist an der Straße zwischen Kostrzyn/Küstrin und Dębno/Neudamm bei Sarbinowo eine Anlage mit großem Gedenkstein, mit hölzernem Aussichtsturm und Informationstafeln zu besichtigen.

Gedenkanlage bei Sarbinowo

❻ Festung – »Pompeji an der Oder«

KOSTRZYN NAD ODRĄ/KÜSTRIN. Auf einer Landzunge zwischen der Mündung der Warthe/Warta in die Oder/Odra, direkt am Grenzübergang Kostrzyn nad Odrą/Küstrin erwarten den Besucher die Reste einer gewaltigen Festung, die die einstige Küstriner Altstadt umfasste. Markgraf Hans von Brandenburg-Küstrin ließ im 16. Jahrhundert 30 Jahre lang daran bauen, unter dem Großen Kurfürst Friedrich Wilhelm von Brandenburg wurde der nach italienischem Vorbild errichtete Bau fortgesetzt. Die Festung, ein langgestrecktes Sechseck, galt als uneinnehmbar und fiel, zusammen mit der Altstadt in ihrem Inneren, 1945 in Schutt und Asche. Die Trümmer der zu 90 Prozent zerstörten Stadt wurden für den Wiederaufbau von Warschau

Reste der alten Festungsstadt

Festung Küstrin

verwendet, Küstrin bekam den Beinamen »Pompeji an der Oder«. Inzwischen schält sich dank Ausgrabungen und Rekonstruktionen aus dem überwucherten Gelände der Grundriss der Altstadt immer mehr heraus, die Struktur der Festungs- und Soldatenstadt mit Bastionen und Toren sowie Schloss, Marktplatz, Kirche und Rathaus ist nachvollziehbar. Man sieht Straßenpflaster, Eingänge, Grundmauern und Fundamentreste. An wichtigen ehemaligen Gebäuden stehen Informationstafeln in Polnisch und Deutsch, versehen mit Abbildungen vor der Zerstörung.Wieder aufgebaut und restauriert sind seit 1994 das Kietzer Tor und das Berliner Tor sowie die Bastion Philipp einschließlich ihrer Kasematte und der Katte-Wall mit der Bastion Brandenburg. Mit dem Katte-Wall ist ein interessantes Stück Festungsgeschichte verbunden. Der Wall verdankt seinen Namen dem in Küstrin 1730 hingerichteten Freund des preußischen Kronprinzen Friedrich. Beide hatten versucht zu fliehen, kamen zur Strafe auf die Festung und Friedrich musste bei der Hinrichtung seines treuen Freundes Hermann von Katte zusehen. Dies soll ihn für sein ganzes Leben geprägt haben.

In den Gewölben der Bastion Philipp kann das Festungsmuseum besucht werden, das unter anderem Bilder der unzerstörten und der zerstörten Festungsstadt zeigt sowie die Entwicklung Küstrins von der Hauptstadt der Neumark zur polnischen Kleinstadt an der Grenze darstellt. Angeboten werden mehrsprachige Führungen und Vorträge.

i Festung Kostrzyn/Küstrin: ul. Graniczna 1, 66-470 Kostrzyn nad Odrą,
Tel. +48 95-752 23 60, www.muzeum.kostrzyn.pl
Öffnungszeiten des Festungsmuseums: Di–Fr 10–16 Uhr
(letzter Einlass 15 Uhr), Sa/So 10–18 Uhr (letzter Einlass 17 Uhr)

i Tourist-Information im Berliner Tor der Festung Küstrin
Öffnungszeiten: Di–Fr 10–16 Uhr, Sa/So 10–18 Uhr

i Führungen Festung Küstrin und Nationalpark Warthemündung: Gästeführer
Klaus Ahrendt, Tel. +49 33479-54 78 45, www.tourist-info-kostrzyn.de

❼ Schloss – Kronprinz Friedrichs Zuflucht

DĄBROSZYN/TAMSEL. Nur fünf Kilometer musste der damals 19-jährige Kronprinz Friedrich und spätere Preußenkönig Friedrich II. von Küstrin aus bis nach Tamsel, dem heutigen Dąbroszyn, bewältigen, um dort Luise Eleonore von Wreech, geborene Schöning zu treffen. Tamsel war im Gegensatz zur düsteren Festung ein freundlicher Ort mit Park und Schloss in lieblicher Lage; hier gab es Musik und Gesellschaft. Sein Vater Friedrich Wilhelm I. hatte den Prinzen wegen eines gemeinsamen Fluchtversuches mit seinem Freund Katte auf der Festung Küstrin inhaftieren lassen, letzterer war dafür 1730 hingerichtet worden. (siehe S. 108) Zwischen August 1731 und Februar 1732 traf sich Friedrich häufig mit der damals 24-jährigen schönen und geistreichen Schlossherrin von Tamsel, auch stand er mit ihr im Briefwechsel. Welcher Art die Beziehung zwischen beiden war, ist nicht mehr zu klären. Das 1680 errichtete Schloss ist leider nur zum Teil restauriert und steht zum Verkauf. Im Park befinden sich ein Obelisk, der 1840 zum 100. Jahrestag der Thronbesteigung von Friedrich II. aufgestellt worden war, sowie einige Skulpturen und wertvolle Bäume. Die Dorfkirche nebenan ist von Karl Friedrich Schinkel geprägt. Ein Kirchenmann vor Ort schließt das Gotteshaus gern auf. Dort ist das

Das Doppel-Grabmal der von Schönings

Schloss Tamsel und die Schinkel-Dorfkirche

Grabdenkmal der Großeltern von Luise Eleonore von Wreech, Generalfeld-
marschall Hans Adam von Schöning und Gattin, zu sehen; in der Krypta
befindet sich der restaurierte Prunksarg des Generalfeldmarschalls.

ℹ️ Ein Besuch der Kirche ist auch bei Kontakt zur Gemeindeverwaltung Witnica
möglich: ul. KRN 6, 66-460 Witnica, Tel. +48 95-721 64 40, www.witnica.pl

❽ Denk-Anstöße – Park der Wegweiser

WITNICA/VIETZ. Ein einzigartiger Park der Wegweiser und der Meilensteine der Zivilisation/Park Drogowskazów i Słupów Milowych Cywilizacji
befindet sich in Witnica/Vietz, gelegen an der Straße 132 zwischen Kostr-
zyn/Küstrin und Gorzów Wielkopolski/Landsberg an der Warthe. Das
Freilichtmuseum auf einer sieben Hektar großen Fläche zeigt 55 Objekte
und ist gegliedert in die Bereiche Wegkultur, Meilensteine der Zivilisation,
Nachdenken und Phantasie. Auf der Suche nach den verschiedensten
Einflüssen, denen der Ort in seiner Geschichte ausgesetzt war, erdachte
und initiierte der Heimatforscher Zbigniew Czarnuch diesen Park. Dabei
spielte die Lage von Vietz oder auch Witnica an der historischen Straße
von Berlin nach Königsberg eine große Rolle. Mit den Exponaten wird zugleich einer gemeinsamen Geschichte von Polen und Deutschen in diesem
Gebiet gedacht. Unter anderem ist die Maschine zu sehen, mit der 1897
der erste Strom in Vietz erzeugt wurde. Es werden Gaslaternen gezeigt, die
von 1906 bis 1986 in Betrieb waren. Eines der eindrucksvollsten Exponate
ist eine Installation mit dem Titel »Exodus« am Eingang des Parkes mit
polnischen, deutschen und russischen Ortsschildern.

ℹ️ Weitere Informationen in der Gemeindeverwaltung Witnica:
ul. KRN 6, 66-460 Witnica, Tel. +48 95-721 64 40, www.witnica.pl

Skulptur »Exodus«

»Der Türke« im Park der Wegweiser

❾ Brücke – lange Querung des Warthebruches

ŚWIERKOCIN/FICHTWERDER. Nur eine einzige Brücke führt zwischen Kostrzyn/Küstrin und Gorzów Wielkopolski/Landsberg an der Warthe über den Fluss im Bruch. Bei Świerkocin/ Fichtwerder verbindet sie zwei auf beiden Seiten der Warthe/ Warta entlang führende Straßen (132 und 22). Bei Inbetrieb-

Brücke über die Warta südlich von Witnica

nahme 1929 galt sie einschließlich des Teiles, der über die Warthe-niederung führt, mit etwa 670 Meter als längste Straßenbrücke in der norddeutschen Tiefebene. Konstruiert hatte sie der im Mecklenbur-gischen geborene Bauingenieur Karl Bernhard, der unter anderem verantwortlich zeichnete für die Oberbaumbrücke, die Lutherbrücke sowie die Moabiter Brücke in Berlin. Nur noch eine Fähre bei Kłopo-towo/Schützensorge, sechs Kilometer westlich, ermöglicht eine weitere Querung des Flusses. Von besagter langer Brücke aus geht der Blick weit hinein in das Wartebruch mit seinem Wiesen- und Weideland, auf Kopfweiden, kleine Kanäle und Meliorationsgräben, die hier das ab 1763 auf Geheiß von Preußenkönig Friedrich II. trockengelegte Gebiet durchziehen. Die im einstigen Sumpfland zwischen Netze- und War-themündung angelegten Kolonien, Dörfer und Vorwerke trugen zuwei-len seltsame Namen. So gab es Sumatra, Ceylon oder Malta, weil diese Orte bei Überschwemmungen eine Insellage hatten. Auch nannten Kolonisten ihre Neugründungen in Anlehnung an den Amerikanischen Unabhängigkeitskrieg New York, Maryland oder Savannah. Nur der Name Malta ist erhalten geblieben.

⑩ Safari-Zoo – Besuch bei 600 Tieren

ŚWIERKOCIN/FICHTWERDER. Afrikanische Savanne und mongolische Steppe samt dort lebender Tiere – das und noch viel mehr ist im Safari-Zoo bei Świerkocin/Fichtwerder an der Straße 132 zwischen Kostrzyn/Küstrin und Gorzów Wielkopolski/Landsberg an der Warthe

zu entdecken. Der erste und einzige Safari-Zoo Polens wurde 1996 gegründet. Aus den anfangs acht Hektar des Parkes sind 20 geworden, hier gibt es inzwischen über 600 Tiere. Ein Rundkurs führt über das aus vier Sektoren bestehende Safari-Gelände, er ist für Pkw und Busse geeignet. Und so fährt man gemütlich durch südamerikanische, afrikanische und asiatische Landschaften und kann vom Autofenster aus dort lebende Tiere wie Lamas und Nandus, Zebras und Wasserböcke, wilde Esel und Kamele beobachten. Zum Park gehören auch ein Zoo mit vielen Exoten wie Affen und Löwen, Kängurus und Antilopen sowie ein Streichelzoo für Kinder und ein Vergnügungspark.

ℹ️ Zoo Safari: Świerkocin 7A, 66-460 Witnica,
Tel. +48 95-7 51 19 29, www.zoo-safari.com.pl
Öffnungszeiten: April bis August täglich, September Fr, Sa und So

⑪ Naturerlebnis – Vogelrepublik an der Warta

SŁOŃSK/SONNENBURG. Gleich hinter Kostrzyn/Küstrin, an der Straße 22 Richtung Gorzów Wielkopolski/Landsberg an der Warthe, beginnt der 8000 Hektar große Nationalpark Warthemündung/Park Narodowy Ujście Warty mit seiner weitflächigen Flussauenlandschaft. Der Besuch des Überschemmungsgebietes mit Feuchtwiesen, Riedgras, Schilfrohr und knorrigen Kopfweiden, mit Kühen und Pferden, vor allem aber mit einer überaus reichen Vogelwelt – 270 Vogelarten sind das Jahr über zu beobachten – lohnt zu jeder Jahreszeit. Durch den Park führen mehrere Routen, die man sich allein oder auch bei Führungen erschließen kann. Der Verein Freunde von Słońsk Unitis Viribus in Słońsk/Sonnenburg hat in dieser Region die Vogelrepublik/Rzeczpospolita Ptasia ins Leben gerufen, eine einzigartige Initiative in Polen und bei Vogelfreunden in ganz Europa bekannt. Angehörigen der Vogelrepublik werden Pässe ausgestellt. Sie sind dann damit zu Fuß oder mit dem Rad unterwegs. Das Naturtourismus-Büro Dudek (Wiedehopf)/Biuro Turystyki Przyrodniczej Dudek organisiert Führungen im Nationalpark Warthemündung sowie im gleichnamigen Landschaftsschutz- park und veranstaltet zudem spezielle Wochenend-Exkursionen für Individualisten, Familien und

Nationalpark-Aussichtspunkt

kleine Gruppen. Übernachtet wird mitten im Wiesenland und – je nach Jahreszeit – im Überschwemmungsgebiet an einer historischen Pump- station im Haus des Pumpenmeisters aus der Vorkriegszeit.

ℹ Naturtourismus-Büro Dudek/Biuro Turystyki Przyrodniczej Dudek: Stacja Pomp 2, 66-436 Słońsk, Tel. +48 95-7 57 22 12, Mobil +48 607-08 13 17, www.hoopoe.com.pl

ℹ Freunde von Słońsk Unitis Viribus: ul. Puszkina 44, 66-436 Słońsk, Tel. +48 95-7 57 24 45, +48 95-7 57 22 12, www.tps-unitisviribus.org.pl

Überschwemmtes Warthebruch

⑫ Johanniter – Spuren der Ordensritter

SŁOŃSK/SONNENBURG. Nahezu 500 Jahre Johanniter-Geschichte haben sich im kleinen Słońsk/Sonnenburg östlich von Kostrzyn/Küstrin ereignet. Im 13. Jahrhundert war hier neben einer alten slawischen Fischersiedlung ein deutsches Angerdorf entstanden, das einschließlich seiner

Einstige Johanniter-Ordenskirche

Kanzel aus schwarzem Marmor

Umgebung seit dem 15. Jahrhundert bis 1945 von den Ordensrittern wesentlich geprägt wurde. Sonnenburg war Sitz der Balley Brandenburg des Ritterlichen Ordens St. Johannis vom Spital zu Jerusalem und ihres Herrenmeisters. Maßgeblich ist den Johannitern ein Teil der Trockenlegung des angrenzenden Wartebruches im 18. Jahrhundert zu verdanken, zudem betrieben sie Krankenpflege unter dem Kreuz mit den acht Spitzen. An sie erinnert heute vor allem die zwischen 1474 und 1522 errichtete ehemalige Johanniter-Ordenskirche, eine dreischiffige Hallenkirche im Zentrum des Ortes, deren weithin sichtbarer Turm einem Entwurf des Baumeister Karl Friedrich Schinkel zugeschrieben wird. In ihrem Inneren lassen sich unter anderem ein berühmtes Sterngewölbe und eine barocke Kanzel aus schwarzem Marmor, im 18. Jahrhundert gefertigt, bewundern. Der Altar aus Holz und Alabaster aus dem

16. Jahrhundert stellt ein besonderes Kunstwerk dar. Weithin sichtbare Ruinen jenseits des Flusses Lenze/Lenka sind die Reste des einstigen prachtvoll ausgestatteten Johanniter-Schlosses, das nach 1945 noch genutzt wurde, aber 1975 einer Brandstiftung zum Opfer fiel.

ℹ️ Tourist-Information: Gemeindeamt, ul. Sikorskiego 15, 66-436 Słońsk, Tel. +48 95-7 57 22 71, www.slonsk.pl

⓭ Gedenkstätten – Erinnerung an KZ und Zuchthaus

SŁOŃSK/SONNENBURG. Mit dem Ortsnamen Sonnenburg, heute Słońsk, ist ein unrühmliches Kapitel deutscher Geschichte verbunden. Die Nazis errichteten hinter Küstrin im April 1933 in Gefängnisgebäuden aus den 1830er Jahren, in denen unter anderem der legendäre Hauptmann von Köpenick eingesessen hatte, ein der SA unterstehendes Lager für Regimegegner. Es war eines der ersten Konzentrationslager (KZ). Carl von Ossietzky, Herausgeber der linken Zeitschrift »Die Weltbühne«, gehörte zu seinen ersten und prominentesten Häftlingen. Der Journalist, Schriftsteller und Pazifist sowie spätere Friedensnobelpreisträger wurde nach der Übernahme des Lagers durch die SS im Frühjahr 1934 und dessen Umwandlung in ein Zuchthaus verlegt in das niedersächsische KZ Esterwegen. Im Sonnenburger Zuchthaus waren dann bis 1941 vor allem deutsche politische Häftlinge und Wehrdienstverweigerer inhaftiert, später polnische und andere Zwangsarbeiter sowie politische Gefangene aus Westeuropa, vor allem Franzosen, weiterhin Belgier, Dänen, Holländer und Luxemburger. Auch saßen Häftlinge aus Jugoslawien, Bulgarien, der Tschechoslowakei und der Sowjetunion ein. Das Zuchthaus war überfüllt, es gab viele Hinrichtungen auf dem Gelände.

Gedenktafel für Carl von Ossietzky

Den Opfern von KZ und Zuchthaus Sonnenburg

Vor dem Eintreffen der Roten Armee am 2. Februar 1945 erschoss dort ein SS-Kommando über 800 Häftlinge. Ein 1974 errichtetes Museum erinnerte an KZ und Zuchthaus Sonnenburg und lädt nach Renovierung und Neugestaltung wieder zu einem Besuch ein. An der ul. Kolejowa befindet sich ein Friedhof zum Gedenken an Zuchthausopfer.

ℹ️ Museum des Martyriums Słońsk/Muzeum Martyrologii w Słońsku :
ul. 3. Februar 54, 66-436 Słońsk,
Tel. +48 50-5 53 63 06, www.muzeum.slonsk.pl
Öffnungszeiten: Mi–So 11–16 Uhr

⑭ Rundblick – Promenade, Info-Globe, Skulpturen

GORZÓW WIELKOPOLSKI/LANDSBERG AN DER WARTHE. Die
alte Silhouette von Landsberg an der Warthe, im 13. Jahrhundert von deutschen Siedlern 45 Kilometer östlich der
Oder gegründet und später sowohl bedeutender Indus-
triestandort als auch die Parkstadt des Ostens, gab es
nach dem Zweiten Weltkrieg nicht mehr. So waren die
Brücken über den Fluss von der Wehrmacht bei ihrem
Rückzug zerstört worden, die kampflos übergebene
Altstadt wurde geplündert und fiel den Flammen zum
Opfer. Das nun polnische Landsberg, das anfangs
den Namen Gorzów nad Wartą erhalten hatte, heißt
seit dem 19. Mai 1946 offiziell Gorzów Wielkopolski. Seither formt sich eine neue Silhouette der
mit ihren 125 000 Einwohnern größten Stadt der
Wojwodschaft Lebus/Województwo Lubuskie.

Stadtstreicher
Kazimierz Wnuk

Nach wie vor überragt der Dom (siehe S. 118) alles, doch entstanden
ist vor neuen und einigen alten Häusern die moderne Promenade an
der Warthe/Warta mit fast mediterranem Flair. Am Südufer des Flusses
lädt der weithin sichtbare futuristische Info-Globe – ein Informations-,
Ausstellungs- und Aussichtspunkt – ein. In der Stadt findet sich neben
dem Paucksch-Brunnen/Fontanna Pauckscha am Markt (siehe S. 118)
eine Allee lokaler Berühmtheiten der Nachkriegszeit in Form von in den
Boden eingelassenen Gedenktafeln. Skulpturen von städtischen Originalen wurden aufgestellt, beispielsweise die des polnischen Speedway-
Champions Edward Jancarz und des Stadtstreichers Kazimierz Wnuk,

An der Warthe-Promenade

eigentlich Szymon Gięty. In einer kleinen Grünanlage gegenüber der Stadtverwaltung in der ul. Sikorski ist das Landsberger Stadtwappen mit dem brandenburgischen Adler auf einem alten Stein zu finden. Es wurde von Gorzów übernommen.

Der Info-Globe

> **i** Tourist-Information:
> ul. Sikorskiego 107,
> 66-400 Gorzów Wielkopolski,
> Tel. +48 95-7 27 80 44,
> www.gorzow.pl

⑮ Landsberg an der Warthe und Christa Wolf

GORZÓW WIELKOPOLSKI/LANDSBERG AN DER WARTHE. Das Mädchen Nelly Jordan aus dem Roman »Kindheitsmuster« von Christa Wolf flieht am Ende des Zweiten Weltkrieges als Fünfzehnjährige mit ihrer Familie aus der Stadt Landsberg an der Warthe vor der anrückenden Roten Armee. So wie Christa Ihlenfeld, die spätere Schriftstellerin Christa Wolf. Diese schrieb viele Jahre später eines ihrer wichtigsten Bücher mit Anleihen an die eigene Biografie und verarbeitete darin zudem ihren Besuch

Christa Wolf
(1929–2011)

»der Stadt L., heute G.« Anfang der 1970er Jahre. Christa Wolf war sich bei der Flucht 1945 sicher gewesen, nie wieder zurückkehren zu können, und zögerte lange angesichts dessen, »was die Deutschen den Polen angetan haben«, wie sie in einem Interview 1997 bekannte. Auf ihrem Antrag für ein Visum für die Einreise hatte auch nicht »Besuch der Heimat«, sondern »Stadtbesichtigung« gestanden. Es wurde die Rückkehr an einen Ort des Erinnerns an Verlorenes – die letzten Deutschen mussten Gorzów 1949 verlassen – und mit Respekt für die hier lebenden Polen. Die Familie des Kaufmanns Ihlenfeld hatte bis 1945 an mehreren Orten in Landsberg gelebt, so in einem Eckhaus am Sonnenplatz Nr. 5, dem heutigen pl. Słoneczny, und in einem Einfamilienhaus am Nordwestrand der Stadt. Das 1976 in der DDR erschienene und 1981 auch ins Polnische übersetzte Buch »Kindheitsmuster« gilt als die erste Auseinandersetzung in der DDR mit dem Thema Vertreibung, einem Tabu sowohl im sozialistischen deutschen Staat als auch in Volkspolen.

Erinnerungsstein vor dem Museum

1990 kam Christa Wolf zurück zu einem privaten Besuch und auf Einladung einer polnischen Familie, die mit ihr gemeinsam die vertrauten Orte der Kindheit und Jugend aufsuchte. Gorzóws Wojewodschafts- und Stadtbibliothek zeigte 2012 eine kleine Ausstellung mit einigen Dokumenten davon anlässlich des 83. Geburtstages der Schriftstellerin, den sie nicht mehr erlebt hatte.

16 Wahrzeichen – Dom St. Marien und Brunnen

GORZÓW WIELKOPOLSKI/LANDSBERG AN DER WARTHE. Der alles überragende Dom St. Marien ist das bedeutendste historische Baudenkmal von Gorzów Wielkopolski/Landsberg an der Warthe, zugleich ältestes und größtes Gotteshaus der Stadt sowie ihr Wahrzeichen. Die dreischiffige römisch-katholische Kirche wurde im 13. Jahrhundert als städtische Pfarrkirche im gotischen Stil errichtet. Sehenswert vor allem ist der dreiteilige Renaissance-Altar aus dem 16. Jahrhundert. Der 52 Meter hohe Turm aus dem 15. Jahrhundert kann bestiegen werden. Als eine Besonderheit gilt seine voller Nägel steckende Kirchentür. Landsberger Bürger, die nicht als Soldaten in den Ersten Weltkrieg ziehen mussten, leisteten eine Geldspen-

Die mit Nägeln bestückte Domtür

Pauckisch-Brunnen und Dom

de und schlugen einen Nagel als Beleg dafür ein. Seit 1972 ist der Dom Bischofssitz des Bistums Zielona Góra-Gorzów. Hinter dem Dom am Alten Markt/Stary Rynek steht ein von dem für Landsberg bedeutenden Industriellen Hermann Paucksch (Maschinenbauanstalt und Dampfkesselfabrik H. Paucksch AG) gestifteter und nach ihm benannter Brunnen/ Fontanna Pauckscha, der 1897 eingeweiht wurde. Sein Schöpfer war der Bildhauer Cuno von Uechtritz-Steinkirch. Die Bronzeplastik einer kräftigen Frau in einem Becken mit Felsbrocken und Platten transportiert auf ihren Schultern ein Joch mit zwei Eimern und symbolisiert damit den Fleiß der Bürger und deren Lebensader, die Warthe. Drei Kinder zu ihren Füßen stellen die einstigen Landsberger Wirtschaftssäulen dar: der Junge mit Hammer und Zahnrad die Industrie, das Mädchen mit der Angel den Fischfang und ein weiteres Mädchen mit Netz und Schiff die Schifffahrt. Das alte Ensemble war zerstört worden, die originalgetreue Rekonstruktion von 1997 fertigte die polnische Bildhauerin Zofia Bilińska.

🄻 Museen – alter Speicher, elegante Villa

GORZÓW WIELKOPOLSKI/LANDSBERG AN DER WARTHE. Zwei sehr unterschiedliche, aber gleich besuchenswerte Museen hat Gorzów Wielkopolski/Landsberg an der Warthe zu bieten. Das Museum im Warthe-Speicher/Muzeum Warty-Spichlerz befindet sich in einem denkmalgeschützten Gebäude aus dem Jahr 1798, dem ältesten und zugleich größten Speicher der Stadt, der von Schifffahrt und Handel auf Warthe/

Alter Speicher mit Museum

Die einstige Schrödersche Villa

Warta, Netze/Noteć und Oder/Odra erzählt. Hier sind zahlreiche Exponate zur Stadtgeschichte zu sehen und zugleich wird moderne polnische Kunst präsentiert.

Die elegante Residenz des Kommerzienrates und Fabrikbesitzers Gustav Schröder, erbaut Anfang des 20. Jahrhunderts, ist heute ein Museum für alte Kunst. Zu besichtigen sind Zinngießerarbeiten, mittelalterliche Münzfunde, alte Stiche und Schmuck sowie Biedermeier-Räume, ein Porträtsaal und ein Wappenflur. Zur zweistöckigen Villa gehört ein romantischer Berggarten von 3,3 Hektar mit mehr als 120 Baum- und Straucharten.

> **i** Museum im Warthe-Speicher/Muzeum Warty-Spichlerz: ul. Fabryczna 1–3, 66-400 Gorzów Wielkopolski, Tel.+48 95-7 22 54 68, www.muzeumlubuskie.pl Öffnungszeiten: Di–Do 9–16 Uhr, Fr 9–17 Uhr, So 10–17 Uhr

> **i** Museum in der Schröderschen Villa/Muzeum Willa Schroedera: ul. Warszawska 35, 66-400 Gorzów Wielkopolski, Tel.+48 95-7 32 38 14, www.muzeumlubuskie.pl Öffnungszeiten: Di–Fr 9–16 Uhr, So 10–17 Uhr

⑱ Burganlage – das »polnische Troja«

SANTOK/ZANTOCH. Wo wenige Kilometer östlich von Gorzów Wielkopolski/Landsberg an der Warthe die Flüsse Netze/Noteć und Warthe/Warta zusammenfließen, lag einst heiß begehrtes Gebiet – eine Grenzfeste, um die Pommern und Großpolen seit Urzeiten heftig kämpften. Der jeweilige Sieger baute sich eine neue Burganlage.

Zwölf unterschiedliche Schichten der Besiedelung legten Archäologen

Die Fähre zum Übersetzen auf das andere Warthe-Ufer

über Jahrzehnte bei Santok/ Zantoch frei. Fünf slawische, vier frühdeutsche und drei mittelalterliche Burgen aus Johanniter-Zeiten ließen sich rekonstruieren. »Polnisches Troja« heißt deshalb die Umgebung des langgestreckten, idyllisch gelegenen Straßendorfes Santok entlang der Warthe. Hier ist direkt am Fluss ein großräumiges Museum zu finden, in dem anhand von großformatigen Abbildungen und diversen Fundstücken wie

Aussichtsturm hoch über Santok

alten Eichenstämmen, Knochen von Haus- und Wildtieren sowie Waffenresten die verschiedenen Burganlagen in diesem uralten Siedlungsgebiet demonstriert werden. Gern zeigt man auch einen Film auf Deutsch. Vor dem Museum liegt eine Fähre, die auf die andere Uferseite bringt, wo noch Festungsfragmente zu besichtigen sind. Ein Aufstieg über die Warthe-Hänge zu einem Aussichtsturm hoch über dem Ort ermöglicht einen weiten Blick in die Bruchlandschaft von Netze und Warthe, in der sich viele Störche heimisch fühlen.

ℹ Museum der Burganlage Santok/Muzeum Grodu Santok: ul. Wodna 4, 66-431 Santok, Tel. 48 95-7 31 61 08, www.muzeumlubuskie.pl Öffnungszeiten: Di–Do 9–16 Uhr, So 12–17 Uhr

Am Zusammenfluss von Netze und Warthe

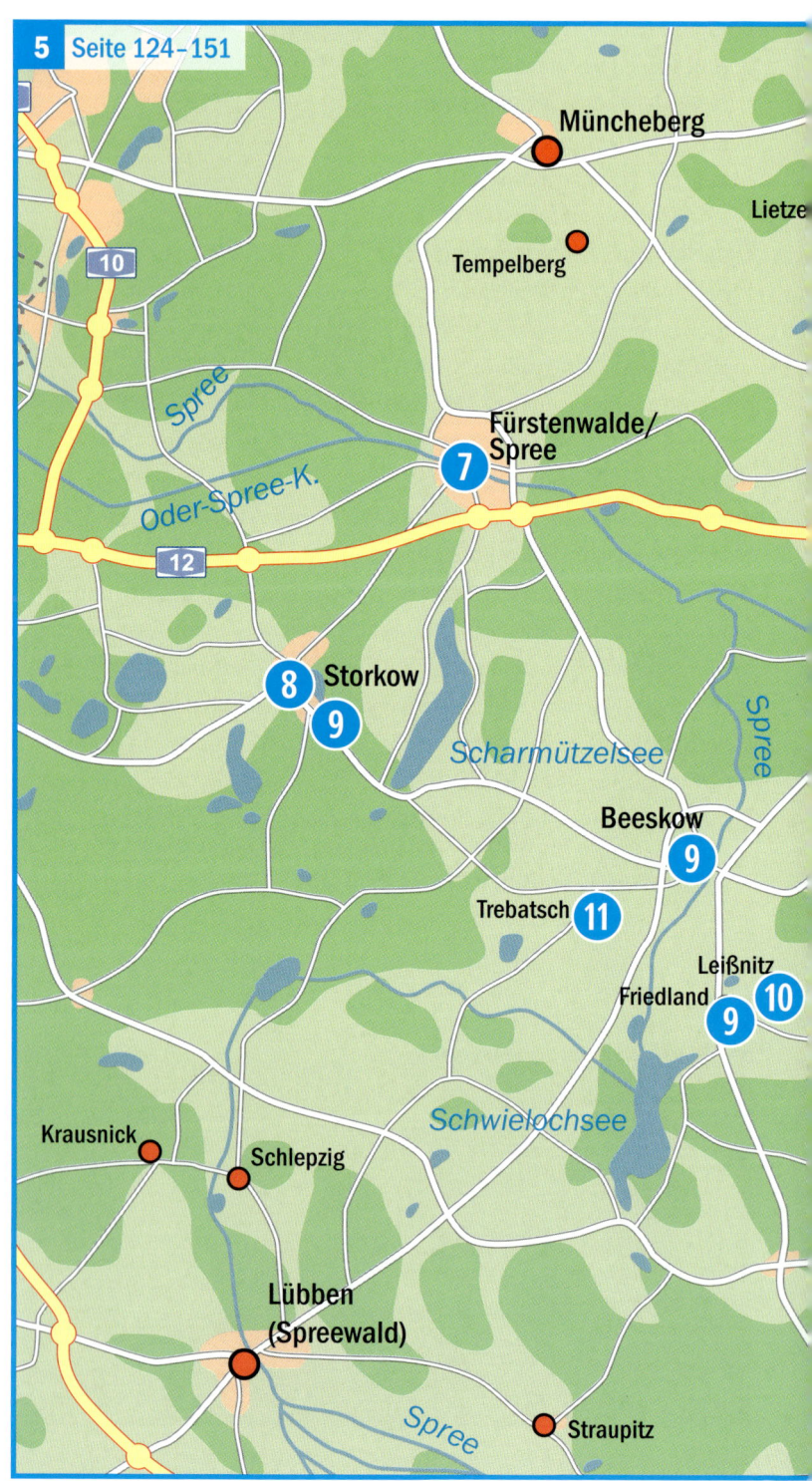

5 | Seite 124–151

Müncheberg

Lietze

Tempelberg

10

Spree

Oder-Spree-K.

Fürstenwalde/
Spree

7

12

8 Storkow

9

Scharmützelsee

Spree

Beeskow

9

Trebatsch 11

Leißnitz

Friedland

9 10

Schwielochsee

Krausnick

Schlepzig

Lübben
(Spreewald)

Spree

Straupitz

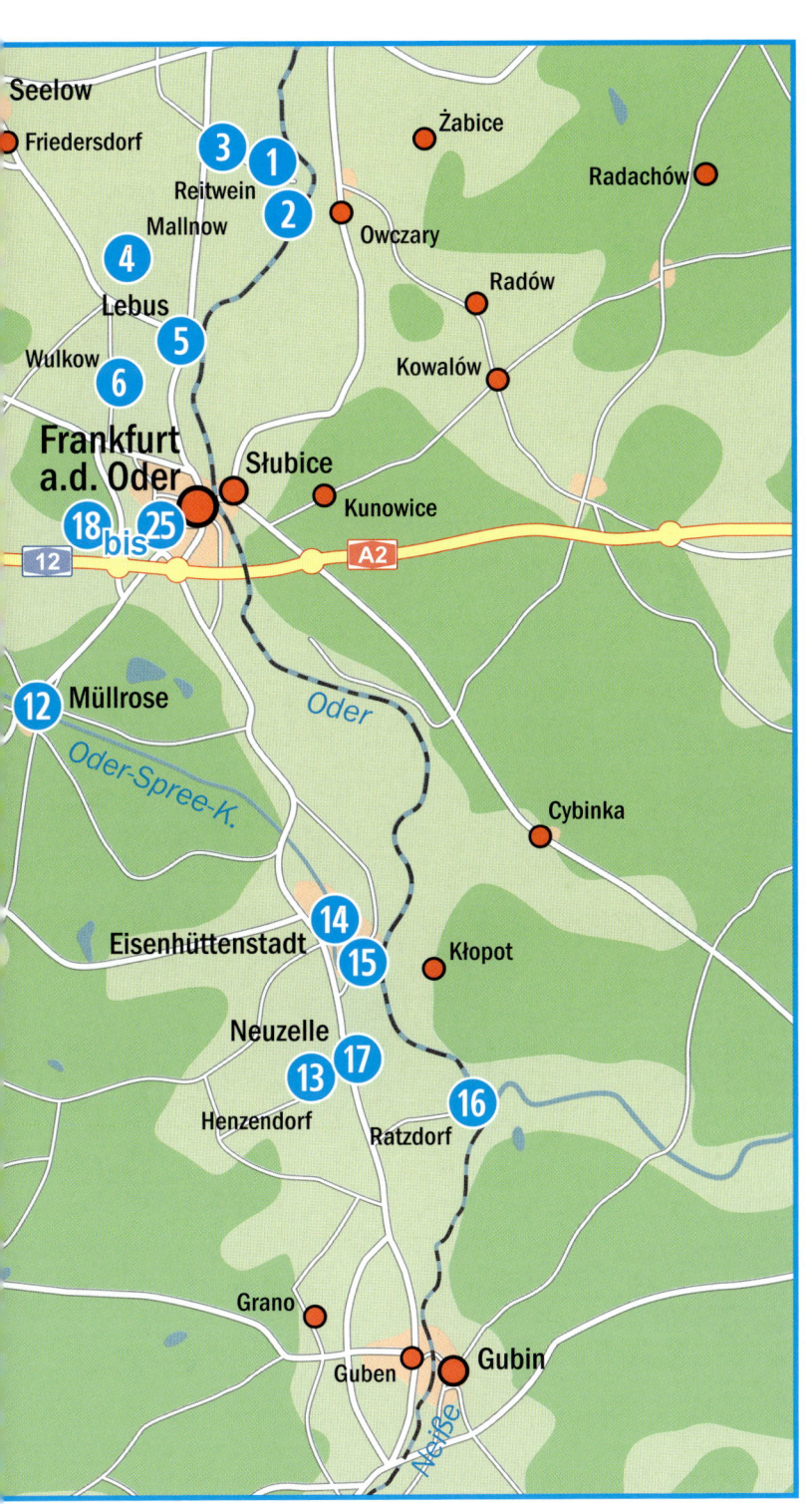

Am Auditorium Maximum der Europa-Universität Viadrina in Frankfurt/Oder

Lebuser Land um Frankfurt/Oder

Neben manch anderer Entdeckung kann man in Frankfurt/Oder, der größten deutschen Stadt am Grenzfluss, auf den Spuren berühmter Männer unterwegs sein: Die Schriftsteller Heinrich von Kleist und Ewald Christian von Kleist werden hier geehrt, ebenso der Architekt Konrad Wachsmann sowie der zweite Bach-Sohn Carl Philipp Emanuel. Im umliegenden alten Lebuser Land bieten Städte wie Fürstenwalde, Storkow und Eisenhüttenstadt neugierigen Besuchern Überraschendes. Auch gibt es echte Alternativen zum »Pflastertreten« – das stille Schlaube-Tal zum Wandern und idyllische Orte wie Lebus, Mallnow und Reitwein.

❶ Kirche – Stülers Bauwerk, Fontanes Inspiration

REITWEIN. Weit ragt der Turm der Backsteinkirche von Reitwein, der »Perle des Oderbruchs«, aus einem dicht bewaldeten Hang heraus. Es ist nur eine der Sehenswürdigkeiten des Dorfes am Reitweiner Sporn wenige Kilometer südöstlich von Seelow. Der Baumeister dieses zwischen 1855 und 1858 errichteten neogotischen Gotteshauses war Preußens Geheimer Oberbaurat Friedrich August Stüler, ein Schinkel-Schüler. Wie so vieles im Oderland wurde auch diese Kirche von Theodor Fontane beschrieben. War er doch im einst davor liegenden und nicht mehr vorhandenen Schloss Reitwein zu Gast. Er siedelte einen der fiktiven Handlungsorte seines ersten Romans »Vor dem Sturm« – der Schilderung eines Aufstandes im Oderbruch zu Beginn der Befreiungskriege – in der Nähe Reitweins an. Beschrieben wird darin auch der Blick aus einem Schlossfenster auf einen Kirchturm, der auf halber Höhe der Berge die Baumkronen überragt. Wie in Reitwein die Stüler-Kirche! Allerdings gab es zur Roman-Zeit solch eine Kirche hier im Ort noch nicht. Stülers Kirche stand nach ihrer Zerstörung im Zweiten Weltkrieg als Ruine seit 1983

Die Stüler-Kirche von Reitwein

Der Fontane-Stuhl

unter Denkmalschutz, Sanierungsarbeiten und der Wiederaufbau des Kirchturms begannen nach 1990. Sie wird genutzt vor allem für kulturelle Veranstaltungen. An das Schloss von Reitwein erinnert eine den Grundriss symbolisierende Hainbuchen-Hecke mit einem Fontane gewidmeten, zur Kirche ausgerichteten Steinernen Stuhl dazwischen. Im einstigen Schlossgarten ist eine Kriegsgräberstätte für 3000 gefallene Soldaten der Roten Armee angelegt.

❷ Heiratsmarkt – »Gauklerehe« auf Probe für 24 Stunden

REITWEIN. Tausende Besucher strömen alljährlich am ersten Wochenende nach Pfingsten zum traditionellen Reitweiner Heiratsmarkt, auf dem weit über 100 Paare auf Probe heiraten. Für 24 Stunden gehen sie eine »Gauklerehe« ein, die auf einem »unordentlichen Standesamt« im geliehenen Brautkleid und Frack geschlossen wird. Dokumentiert wird alles auf Urkunden und Fotos. Auch gibt es eine Hochzeitsrallye mit alten Hochzeitsbräuchen. Seit einigen Jahren beteiligen sich an diesem Spaß auch Paare von jenseits der Grenze. Veranstalter des Spektakels sind Reitweiner Vereine.

ℹ www.reitwein-mol.de

❸ Erinnerungen – Diplomaten-Treppe und Gedenkeiche 97

REITWEIN. Der Oderdeich bei Reitwein und eine kleine Beton-Treppe, die zwischen Deichkilometer 6,5 und 6,6 hinaufführt, haben ihre besonderen Geschichten. Die Stufen der so genannten Diplomaten-Treppe wurden 1984/1985 gebaut an der Stelle, wo 40 Jahre zuvor, am 2. Februar 1945, Truppen der Roten Armee die Oder überquert hatten, um die Schlacht um die Seelower Höhen (siehe S. 96) mit einem Brückenkopf vorzubereiten. Die Erde hinter dem Deich war danach blutgetränkt, Reitwein zerstört. 40 Jahre später reisten Botschafter von 40 diplomatischen Vertretungen in der DDR in Reitwein an, um der Ereignisse zu gedenken. Sie konnten über die extra für sie hergerichtete Treppe leicht den Deich erklimmen, um über die Oder Richtung Osten zu blicken. Erneuert wurde diese Treppe nach dem Oderhochwasser 1997. Bei Reitwein hatte damals ein Dammbruch gedroht, doch konnte ein kritischer, 50 Meter langer und einen halben Meter breiter Riss bei Deichkilometer 4,8 und 5,2 geschlossen werden. An der Diplomaten-Treppe erinnert die Hochwasser-Gedenkeiche 97

Diplomaten-Treppe am Deich

daran, dass Ende Juli 1997 etwa 1000 Bundeswehr-Soldaten hierher an die Oder kamen und 500 000 Sandsäcke und etwa 600 Tonnen Split zur Deichfußbefestigung verbauten. Gemeinsam verhinderten regionale Kräfte und viele Helfer, dass es nicht zur Katastrophe kam. Trotz Deichsanierung und dank einer Bürgerinitiative konnte an der Treppe auf der landseitigen Deichböschung eine kulturhistorisch wertvolle Baumreihe am Leben erhalten werden, die nun die Radler auf dem Deich erfreut.

④ Adonisröschen – Oderhänge in goldgelber Pracht

MALLNOW/LEBUS. Ein besonderes Erlebnis für Naturfreunde ist zwischen Mitte März und Mai die Adonisröschenblüte an den Süd- und Osthängen der Oder, den so genannten Pontischen Hängen um Lebus. Am Reitweiner Sporn nördlich von Frankfurt/Oder findet das leuchtend gelb blühende, in unseren Breiten äußerst seltene

Adonisröschen

Frühlings-Adonisröschen (Adonis vernales), das eigentlich in den Steppen Osteuropas und Vorderasiens beheimatet ist, vergleichbare Bedingungen dank der kalk- und lehmhaltigen Böden. Im Dorf Mallnow führt ab Ortsmitte ein gut ausgeschilderter und mit Informationstafeln bestückter Rundweg durch das Naturschutzgebiet Oderhänge Mallnow.

Zur Adonisröschen-Blüte am Reitweiner Sporn bei Mallnow

Dabei ist auch die griechische Sage von Adonis und Aphrodite zu erfahren: Adonis, ein zyprischer Königssohn, war so schön, dass die Göttin der Liebe, Aphrodite, ihn zu ihrem Geliebten machte. Doch Adonis wurde bei der Jagd von einem Eber tödlich verletzt und kam in das Totenreich des Hades, des Herrschers der Unterwelt. Aphrodite konnte ihm dorthin nicht folgen. Doch Göttervater Zeus erbarmte sich der unglücklichen Göttin und befahl Hades, Adonis jedes Jahr im Frühling in Gestalt der wunderschönen Adonisröschen auf die Erde zu entlassen. Im nahen Lebus direkt an der Oder beginnt ein weiterer reizvoller Wanderweg, der Adonis-Themenpfad, durch die Lebuser Oderberge.

ℹ️ Tourist-Information: Amt Lebus, Kietzer Chaussee 1, 15326 Lebus, Tel. +49 33604-6 37 58, www.amt-lebus.de

⑤ Bischofssitz – geballte Geschichte am Fluss

LEBUS. Die Lage der Altstadt von Lebus am Oderhang ist wunderschön. Am Ufer des Flusses lädt das Restaurant Oderblick ein, die Pfarrkirche ist saniert, ein kleines Museum erzählt über eine der interessantesten Oder-Regionen. Der Name Lebus ist vermutlich auf den Stamm der Leubuzzi zurückzuführen, die im 8./9. Jahrhundert hier siedelten. Er findet sich auch wieder in der Bezeichnung der Kulturlandschaft des Lebuser Landes um Frankfurt/Oder, sich auf polnischer Seite als Ziemia Lubuska fortsetzend. Um die Jahrtausendwende war das Land Lebus unter die Herrschaft der Piasten, der ältesten polnischen Fürsten- und Königsdynastie, gekommen. 1074 wurde »Leubuzzi« erstmals urkundlich erwähnt und 1124/1125 gründete Herzog Boleslaw Schiefmund/Krzywousty III. das polnische Bistum Lebus.

Blick vom Burgberg auf Oder, Altstadt und Wahrzeichen Pfarrkirche in Lebus

Epitaph an der Kirchenwand

Ein spanischer Augustinermönch wurde 1133 erster Bischof und Lebus bis Mitte des 13. Jahrhunderts Fürsten- und Bischofssitz sowie Mittelpunkt des Lebuser Landes. Hier führte zudem eine Furt durch die Oder, Handelswege kreuzten sich. Lebus wurde auch deshalb vielfach zum Streitobjekt und um 1250 an den Magdeburger Erzbischof abgetreten. Zunehmend verlor es als Bischofsresidenz an Bedeutung, die geistlichen Herren nahmen von 1276 bis 1325 ihren Sitz auf der anderen Oderseite in Göritz, dem heutigen Górzyca, wo sich noch Gebäudereste auf einer kleinen Anhöhe Richtung Kostrzyn/ Küstrin befinden, und zogen 1373 endgültig nach Fürstenwalde (siehe S. 131). An der Kirche von Lebus führt der Alte Bischofsweg den Berg hinauf, wo der geistliche Würdenträger in der Kastellanburg residierte. Es gibt von ihr nur noch Mauerreste, ansonsten hat man von hier oben einen kaum zu überbietenden Blick auf die Altstadt und die Oder bis nach Frankfurt. Im Haus Lebuser Land am Fuß des Berges ist viel zu erfahren über das Bistum Lebus und die neuere Stadtgeschichte.

ℹ️ Haus Lebuser Land: Schulstr. 7, 15326 Lebus, Tel. +49 33604-2 30, www.heimatverein-lebus.de Öffnungszeiten: April bis September Di–Fr 10–17 Uhr, Sa/So und Feiertag 13–16 Uhr; Oktober bis März Di–Fr 10–15 Uhr

ℹ️ Restaurant Oderblick: Kietzer Str. 22, 15326 Lebus, Tel. +49 33604-44 94 49, www.restaurant-oderblick.de

6 Alles Öko – Speicher, Restaurant und UFO

Das UFO kann gemietet werden.

WULKOW. Das hübsche Ökodorf Wulkow bei Lebus, das im Jahr 2000 Außenstandort der EXPO war, hat interessante Entdeckungen zu bieten. Dominiert wird es von einem Ökospeicher in der Dorfmitte, 1930 als Getreidelager errichtet und nun eine von einem Verein geführte, mit Photovoltaik-Anlage und Holzpellets beheizte und mit Naturmaterialien ausgebaute Begegnungsstätte. Der Ökospeicher beherbergt ein gemütliches Café, das Speisen aus überwiegend ökologischen, saisonalen und regionalen Produkten sowie bei den Getränken unter anderem Erzeugnisse kleinerer Brauereien und Weingüter anbietet. Es gibt im Gebäude Übernachtungsmöglichkeiten und Ausstellungsräume. Hier finden Veranstaltungen, Umweltinitiativen und Konzerte statt. Der Verein bewirtschaftet ein besonderes Ferienhaus für acht Personen, das Niedrig-Energiehaus Domspace oder landläufig UFO genannt. Das originelle Gebäude wird über eine Wärmepumpe beheizt, eine Solaranlage erhitzt das Wasser und eine Pflanzenkläranlage entsorgt die Abwässer. Vereinsmitglieder bieten Vorträge und Besichtigungen an, unter anderem zu erneuerbaren Energien und Energiesparen, ökologischem Bauen/Lehmbau und biologischem Landbau, sowie Führungen durch den Kräutergarten und auch Brotbacken im Dorfbackofen.

🛈 Ökospeicher e. V.: Am Gutshof 1, 15326 Lebus/OT Wulkow
Tel. +49 33602-41 94 22, www.oekospeicher.de

🛈 Speichercafé: Tel. +49 33602-41 94 25 oder +49 157-74 49 05 69
Öffnungszeiten: Do–So 12–21 Uhr

Ökospeicher Wulkow

7 Domstadt – Sehenswertes an der Spree

FÜRSTENWALDE. Der Dom St. Marien gilt als das Wahrzeichen von Fürstenwalde, der Stadt an der Spree 35 Kilometer westlich von Frankfurt/Oder und voller Sehenswürdigkeiten in ihrem Zentrum. Das aus dem 15. Jahrhundert stammende Gotteshaus mit seinem 68 Meter hohen Turm ist – neben dem Dom in Havelberg und dem der Stadt Brandenburg – der dritte Dom im Land Brandenburg. Er war zeitweilig Bischofskirche des ehemaligen Bistums Lebus (siehe S. 128). Im April 1945 fast vollständig zerstört, konnte er im Oktober 1995 feierlich wieder eingeweiht werden. Als eine besondere Kostbarkeit gilt ein 12,5 Meter hohes spätgotisches Sakramentshäuschen von 1517 aus Sandstein. 2005 wurde zudem die größte Orgel Brandenburgs eingebaut, eine teilweise aus der Leipziger Thomaskirche übernommene Schuke-Orgel. In Sichtnähe zum Dom steht Fürstenwaldes Kulturfabrik, ein soziokulturelles Zentrum in einem alten restaurierten Brauereigebäude, und gleich daneben in der ehemaligen Domschule das Museum der 1272 erstmals urkundlich erwähnten Stadt. 10 000 Jahre Erd-, Ur- und Frühgeschichte werden hier dargestellt und zugleich präsentiert es eine der größten Geschiebe-Sammlungen Europas. Aufschlussreich sind die Exponate zu 700 Jahren Stadtgeschichte als Bischofs-, Grenz-, Handels- und Industriestadt. Ein wundersames Stück der reichen Industriegeschichte steht vor dem Museum – es ist ein Leuchtturm, der über 70 Jahre lang zwischen der Insel Hiddensee und Barhöft bei Stralsund seinen Dienst tat. Er war 1909 von der Fa. Julius Pintsch aus Fürstenwalde, einem

Das berühmte Sakramentshäuschen

Fürstenwalder Rathaus und der Dom

bedeutenden Hersteller von Seezeichen, gebaut worden. Die Fürstenwalder holten sich 2007 ihren inzwischen eingelagerten Leuchtturm wieder zurück. Ein besonderes Schmuckstück der Stadt ist das schön restaurierte spätgotische Rathaus mit Kunstgalerie sowie kleinem Brauereimuseum und einer Schaubrennerei.

ℹ️ Dom St. Marien: Domplatz 10, 15517 Fürstenwalde,
Tel. +49 3361-59 18 12, www.kirche-fuerstenwalde.de
Öffnungszeiten: Sommer Mo–Fr 10–16 Uhr, Sa/So 11–17 Uhr;
Winter Mo–Fr 10–15 Uhr, Sa/So 11–16 Uhr

ℹ️ Museum: Domplatz 7, 15517 Fürstenwalde,
Tel. +49 3361–21 30, www.kulturfabrik-fuerstenwalde.de
Öffnungszeiten: Di–So 13–18 Uhr (auch nach Vereinbarung)

ℹ️ Tourist-Information: Mühlenstr. 1, 15517 Fürstenwalde,
Tel. +49 3361-76 06 00, www.fuerstenwalde-tourismus.de

⑧ Kuriositäten – Didi Senfts Fahrräder

STORKOW. Der Velo-Designer Didi Senft aus Storkow, einstiger Radamateur und heute spektakulärer Tour-Teufel (El Diablo) bei der Tour de France und anderen Veranstaltungen, zeigt am Stadtrand von Storkow seit 2004 eine Ausstellung seiner Rad-Kuriositäten. Da waren seine Erfindungen bereits in aller Munde: 1988 das kleinste Tridem, 1989 das mit 8,08 Meter höchste Fahrrad. 1989 wurde der gelernte Karosseriebauer mit dem größten Fahrrad der Welt – 7,80 Meter lang und 3,70 Meter hoch – erstmals im Guinness-Buch der Rekorde verewigt. Dem folgten Erfindungen wie das längste Fahrrad mit zwei Rädern (25,22 Meter), das größte Bierfass-Rad mit 30 Fünf-Liter-Fässern unter den Felgen, das größte Dreirad, die größte Rikscha sowie das größte Tandem. Alle

waren funktionsfähig. Insgesamt 120 Fahrrad-Kuriositäten sind in der Ausstellung zu sehen, dabei auch die 17, mit denen Didi Senft inzwischen im Guinness-Buch der Rekorde steht. Mehr als 200 baute er insgesamt.

ℹ️ Museum der Rad-Kuriositäten: Lebbiner Str. 2 (rote Halle im Gewerbegebiet), 15859 Storkow, Tel. +49 33678-4 08 30, www.tourteufel.de, Öffnungszeiten: Mai bis Oktober täglich 13–17 Uhr

Das größte Dreirad der Welt

⑨ StreleBurgen – Tour zu viel Natur und Kultur

STORKOW/BEESKOW/FRIEDLAND. Die drei sanierten alten Wehrburgen Storkow, Beeskow und Friedland westlich bzw. südwestlich von Frankfurt/Oder haben sich zusammengetan und laden in den Sommermonaten unter dem Motto »Kultur auf den StreleBurgen« zu Theater-Veranstaltungen, zu Konzerten und kulinarischen Themenabenden ein. Man kann sich aber auch auf eine Burgen-Tour von einer zur anderen begeben, ihre gemeinsame Geschichte im Hinterkopf: Die Ritter von Strele, ein Rittergeschlecht aus Strehla an der Elbe, schützten im Dienste der Wettiner die Nordgrenze der Lausitz gegen Askanier und Wenden. Dabei geriet im Jahre 1202 auch die Mitte des 12. Jahrhunderts erbaute Burg Storkow in ihren Besitz. Mitte des 13. Jahrhunderts errichteten die von Strele dann in Beeskow einen Bergfried als zweites Herrschaftszentrum, und Anfang des 14. Jahrhunderts gründeten sie Stadt und Burg Friedland. Jede der Burgen hat unverwechselbar Eigenes zu bieten. Burg Storkow ist Besucherzentrum des Naturparks Dahme-Heideseen und zeigt die Dauerausstellung »Mensch und Natur – eine Zeitreise«. Auf der Burgwiese weiden Wasserbüffel, die zur Touristen-Attraktion geworden sind. Sie fressen das Schilf ab, damit die Störche, Storkows Symboltiere, hier bald wieder ausreichend Frösche finden können.

Büffel auf den Storkower Burgwiesen

Im denkmalgeschützten Ensemble von Burg Beeskow, einem Kultur- und Bildungszentrum auf der Spreeinsel, sind – neben stän-

Burg Storkow

Burg Friedland

digen Ausstellungen des dortigen Regionalmuseums – wechselnde Expositionen zu Malerei, Grafik, Plastik und Fotografie zu sehen. Zum Teil werden sie aus den Beständen des Kunstarchivs Beeskow gestaltet, der Dokumentationsstelle der Bildenden Kunst der DDR, die über eine Sammlung von nahezu 30 000 Kunstwerken verfügt. Burg Friedland präsentiert in Dauerausstellungen unter anderem acht Städte mit den Namen Friedland und eine Museumswohnung mit hundertjähriger Einrichtung. Vor allem aber dient sie als deutsch-polnisches multimediales Informations- und Begegnungszentrum mit wechselnden Ausstellungen und pflegt eine enge künstlerische Partnerschaft zu Sulęcin/Zielenzig.

🛈 Burg Storkow/Ausstellung und Tourist-Information:
Schlossstr. 6, 15859 Storkow, Tel. +49 33678-7 31 08, www.storkow.de
Öffnungszeiten: täglich, April bis Oktober 10–17 Uhr,
November bis März 11–16 Uhr

🛈 Burg Beeskow: Frankfurter Str. 23, 15848 Beeskow, Tel. +49 3366-35 27 12
(Museum) und +49 3366-35 27 01 (Veranstaltungen), www.burg-beeskow.de
Öffnungszeiten: April bis September Di–So 9–19 Uhr,
Oktober bis März Di–So 11–17 Uhr

🛈 Tourist-Information Beeskow: Berliner Str. 30, 15848 Beeskow,
Tel. +49 3366-4 22 11, www.spreeregion.de

🛈 Burg Friedland/Museum und Tourist-Information: Pestalozzistr. 3,
15848 Friedland, Tel. +49 33676-4 59 78, www.friedland-nl.de
Öffnungszeiten: April bis Oktober Di–So und Feiertag 11–17 Uhr,
November bis März Di–Fr 10–16 Uhr

Burg Beeskow

⑩ Handseilzugfähre – mit Muskelkraft über die Spree

LEISSNITZ. Eine Handseilzug-
fähre zwischen dem Friedländer
Ortsteil Leißnitz und dem Dorf
Ranzig südlich von Beeskow schafft
in vier Minuten, wozu man mit
einem Auto über Beeskow gute
18 Minuten braucht. Maximal
zehn Personen einschließlich Fahrräder zieht Fährmann Mike Slotta
über den Fluss. Er und seine Frau
betreiben auf der Leißnitzer Seite
zudem einen Zeltplatz und einen

Mike Slotta auf Tour

Imbiss. Seine Fähre wurde 1971 auf der Oderwerft in Eisenhüttenstadt
gebaut und fuhr dort bis 1996 über den Oder-Spree-Kanal im Stadtteil
Fürstenberg. Nach einer Grunderneuerung bekam sie auch einen neuen
Anstrich und wird nun von der Stadt Friedland verpachtet. Bis 1945 hatte
es in Leißnitz bereits eine – allerdings größere – Fähre gegeben, die im
Handbetrieb über ein Kettenrad bewegt wurde und sogar Pferdefuhr-
werke und schwere Maschinen über die Spree transportierte

ℹ️ Fähre Leißnitz: Spreestr. 15 a, 15848 Friedland/OT Leißnitz,
Tel. +49 33676-69 98 44, Mobil +49 174-3 43 80 13, www.faehre-leissnitz.de
Öffnungszeiten: April/Mai und September/Oktober Mo–Fr 9–17 Uhr,
Sa/So und Feiertag 9–18 Uhr; Juni bis August Mo–Fr 9–19 Uhr,
Sa/So und Feiertag 9–20 Uhr

⑪ Trebatsch und Ludwig Leichhardt

TREBATSCH. Ein Dorfjunge vom Schwielochsee gilt
als der »Humboldt Australiens« und auf dem fünften
Kontinent als Nationalheld. Nach ihm sind dort
Gebirgszüge, Flüsse, Stadtteile und Straßen benannt.
Der Forscher und Entdecker Ludwig Leichhardt
erkundete Australien in mehreren Expeditionen.
1844 durchquerte er den bis dahin unerforschten
Norden über 4800 Kilometer von Queensland nach

Ludwig Leichhardt
(1813–1848)

Port Essington, entdeckte damit die Nord-Ost-Route und zugleich das
größte Kohlelager des Kontinents. 1847 erhielt er für diese bedeutenden
geographischen Entdeckungen die Goldenen Medaille der Royal Geo-
graphic Society und der Geographischen Gesellschaft Paris. Auf einer

Gedenkstein am Dorfplatz von Trebatsch   Im Museum

dritten Expedition 1848 verschwand der leidenschaftliche Forscher spurlos im Outback. In Deutschland ist der 1813 in Sabrodt/Trebatsch südwestlich von Beeskow geborene Leichhardt kaum bekannt. Geboren als sechstes Kind eines Torfinspektors wurde er vom Pfarrer im benachbarten Zaue sehr gefördert und legte 1831 sein Abitur in Cottbus ab. Er studierte in Berlin und Göttingen Philosophie, Sprachen und Naturwissenschaften, setzte diese später in London und Paris dank wohlhabender Freunde fort, entzog sich dem preußischen Militärdienst und verließ als »Fahnenflüchtiger« Europa mit englischem Pass Richtung Australien. Der junge Forscher ging im Februar 1842 in Sydney an Land. Sein verweigerter preußischer Wehrdienst und die in den 1930er Jahren von den Nazis versuchte Vereinnahmung mit der Umbenennung seines Heimatdorfes Trebatsch in Leichhardt verhinderten zu verschiedenen Zeiten eine angemessene Würdigung von Ludwig Leichhardt. Nach lokalen und regionalen Anstrengungen sowie vielen Aktivitäten zu seinem 200. Geburtstag gibt es in der Leichardt-Gemeinde Trebatsch ein 1988 entstandenes und 2008 erweitertes Ludwig-Leichhardt-Museum, Gedenksteine und auch einen Leichhardt-Wanderweg. Ein 54 Kilometer langer Leichhardt-Trail mit einem Känguru als Logo führt von Trebatsch bis Cottbus durch das Leichhardt-Land. Diesen Weg soll der junge Leichhardt oft zu Fuß gegangen sein.

ℹ Ludwig-Leichhardt-Museum: Sawaller Str. 2a, 15848 Tauche/OT Trebatsch, Tel. +49 175-9 68 30 70 (auch für die Anmeldung von Gruppenführungen), www.gemeinde-tauche.de, www.leichhardtland.de
Öffnungszeiten: Mai bis Oktober Di–Fr und So 10–16 Uhr, November bis April Di und Do 10–15 Uhr

⑫ Schlaubetal – Wanderparadies für Stille Suchende

MÜLLROSE. Am Oberlauf der Schlaube westlich von Eisenhüttenstadt könnte man fast glauben, man sei in einem Mittelgebirge. Der Fluss windet sich hier durch 30 Meter hohe Schluchten, nachdem er sein Quellgebiet in den Wiesen südlich des Wirchensees verlassen hat. In ihrem nördlichen Teil wiederum ist die Schlaube ein Wiesenbach, der sich durch eine Moorlandschaft

schlängelt. Das schöne Schlaubetal gilt als Geheimtipp für Menschen mit Freude an unberührter Natur, an Stille und Abgeschiedenheit bei Wanderungen durch Traube-neichen-, Kiefern-, Misch- und Buchenwälder. Es ist ein Wander-paradies im wahrsten Sinne des Wortes, angeboten werden ver-schiedenste Touren unter anderem von Müllrose aus. Ziele sind dabei

Die Bremsdorfer Mühle

häufig die sieben Mühlen, die über Jahrhunderte von der Schlaube angetrieben wurden. Sie dienen heute als Gaststätte, Museum, Hotel und Laden für einheimische Produkte. Das Bachtal und die im Süden an-grenzende Reicherskreuzer Heide bilden den Naturpark Schlaubetal mit einem NABU-Informationszentrum in der Schlaubemühle bei Treppeln.

🛈 Tourist-Information: Haus des Gastes, Kietz 7, 15299 Müllrose, Tel.+49 33606-7 72 90, www.schlaubetal-tourismus.de

🛈 BUND Naturschutz- und Informationszentrum Schlaubemühle: An der Schlaube 1, 15898 Neuzelle/OT Treppeln, Tel. +49 33673-59 52, www.bund-brandenburg.de, Öffnungszeiten: Mo–Fr 9.30–16 Uhr

Im Schlaubetal

⑬ Findlingspark – Kunst am Stein und Lehrpfad

HENZENDORF. Die über Jahrzehnte als Truppenübungsplatz genutzte Reicherskreuzer Heide im Naturpark Schlaubetal, vor allem schön im September während der lila Heide-Blüte, bietet eine besondere Sehenswürdigkeit. Auf vier Hektar hügeligem Gelände bei Henzendorf stehen 122 farbige und behauene Findlinge in einem von dem Berliner Bildhauer Ulrich Thiel gegründeten, frei zugänglichen Findlingspark. Die Steine stammen aus den Lausitzer Tagebaugebieten Nochten und Döbern und

wurden von mehreren Künstlern nach historischen Vorbildern gestaltet. Zu sehen sind Darstellungen von hethitischen Kriegern, Reliefs von geflügelten Einhörnern, Drachen und nackten Frauenkörpern sowie Malereien mit keltischen und germanischen Schriftzügen. Zum Gelände gehört auch ein geologischer Lehrpfad mit detailliert zu Gesteinsart und Ursprung beschrifteten Findlingen. Ab Ortsausgang Henzendorf führt – unabhängig vom Findlingspark und an ihm vorbei – ein drei Kilometer langer Weg der Steine in die Heidelandschaft.

⑭ Dokumentationszentrum – DDR-Alltag aufbewahrt

EISENHÜTTENSTADT. Im denkmalgeschützten Zentrum von Eisenhüttenstadt südlich von Frankfurt/Oder ist das Dokumentationszentrum zur Alltagskultur der DDR zu finden, zeitgerecht untergebracht in einer ehemaligen Kinderkrippe von Anfang der 1950er Jahre. 1993 gegründet, wurden hier seither etwa 160 000 Objekte aus allen Bereichen des DDR-Alltags zusammengetragen. Diese vielfältige und einzigartige Sammlung kann als wichtiger Teil des sozialen Gedächtnisses gelten, denn viele der Tausenden Alltagsgegenstände sind nicht mehr verfügbar.

Die Ausstellung beginnt mit Eisenhüttenstadt selbst, der ersten deutschen Stadtneugründung nach dem Zweiten Weltkrieg. Mit Hilfe eines interaktiven Stadtplans lässt sich bereits hier ein individueller Rundgang durch die

Reiseschreibmaschine
»Erika«

Modellstadt planen (siehe unten). Räume zu den Themen Familie, Bildung und Kommunikation, zu

Am Dokumentationszentrum

Lebensweise und Milieus in der DDR, zu Heimat und Grenze sowie zu Machtstrukturen in der DDR schließen sich an. Für jedes Thema ist eine Computerstation mit ergänzenden Informationen eingerichtet. Eine Chronologie in Objekten bildet die zentrale Achse der Ausstellung. Es werden zudem einzelne Objekte genauer ausgeleuchtet, mehr noch ist über Objekt-Geschichten mit Hilfe eines Audioguides zu erfahren. Jährlich werden zudem Sonderausstellungen zu unterschiedlichen Themen der DDR-Alltagskultur gestaltet.

ℹ️ Dokumentationszentrum zur Alltagskultur der DDR: Erich-Weinert-Allee 3, 15890 Eisenhüttenstadt, Tel. +49 3364-41 73 55, www.alltagskultur-ddr.de Öffnungszeiten: Di–So 11–17 Uhr

🔵 Flächendenkmal – Bauen im Sozialismus unter Schutz

EISENHUETTENSTADT. Informativ und unterhaltsam geführt durch den Tourismusverein Oder-Region Eisenhüttenstadt (TOR), auf eigene Faust mit einem Flyer aus dessen Tourist-Information oder dort versorgt mit einem Gerät für eine GPS-Tour – so kann Eisenhüttenstadt, eine unvergleichliche »Reißbrettstadt«, erkundet werden. Ab 1951 im Kern mit dem Namen »Stalinstadt« für die Arbeiter des neuen Eisenhüttenkombinates südlich von Frankfurt/ Oder errichtet, war es keine profane Wohnsiedlung, sondern eine komplette Stadt, die mit ihren kulturellen und sozialen Einrichtungen idealen Vorstellungen genügen sollte. Mit einer neuen so genannten Stadt am Werk ahmte die DDR, übrigens nur einmal, ein Modell nach, das die Sowjetunion seit 1930 praktiziert hatte. 1961 fusionierte Stalinstadt mit dem 700-jährigen

Originelle Eckgestaltung

Am Clara-Zetkin-Ring   Stilgerecht: Mocca-Milch-Eisbar

Fürstenberg und dem Dorf Schönfließ zu Eisenhüttenstadt. Die Kern-
stadt steht heute mit ihren vier unterschiedlichen Wohnkomplexen unter
Denkmalschutz, hier lassen sich sowohl nationale Bautraditionen als auch
internationale Moderne an städtischen Bauten, umgeben von viel Grün
in Parkanlagen und Höfen, nachvollziehen. Verschiedenste Baustile der
DDR sind konserviert und werden in einem großen, gründlich sanierten
städtischen Flächendenkmal für die Nachwelt erlebbar gehalten. Zahlreiche Plastiken, Mosaiken und künstlerische Gestaltungselemente an den
Fassaden bieten zuweilen Überraschendes. Mehr noch zur Geschichte von
Eisenhüttenstadt ist im Städtischen Museum zu erfahren, das auch über
eine Galerie mit einer wertvollen Kunstsammlung verfügt.

ℹ️ Tourist-Information: Lindenallee 25, 15890 Eisenhüttenstadt,
  Tel. +49 3364-41 36 90, www.tor-eisenhuettenstadt.de

ℹ️ Städtisches Museum/Städtische Galerie: Löwenstr. 4, 15890 Eisenhüttenstadt,
  Tel. +49 3364-21 46, www.museum-eisenhuettenstadt.de
  Öffnungszeiten: Di–Fr 10–17 Uhr, Sa/So 13–17 Uhr

🔢 Pegelhäuschen – Erinnerung an die Jahrhundertflut

RATZDORF. In der Oderaue, wenige Kilometer südöstlich von Neuzelle, liegt
das ehemalige Fischerdorf Ratzdorf direkt an der Mündung der Niederlau-
sitzer Neiße in die hier aus Polen kommende Oder. Traurige Berühmtheit
erhielt der kleine Ort, als er vom Jahrhunderthochwasser 1997 teilweise
überflutet worden war und die Bilder vom Kampf der Menschen gegen die
Wassermassen und die seines Pegelhäuschens, eines über Funk mit dem
Wasser- und Schifffahrtsamt in Eberswalde verbundenen automatisierten
Pegels, um die ganze Welt gingen. Der Pegel zeigte am 24. Juli 1997 den
bislang höchsten Stand an: 6,89 Meter. Normal sind 2,40 Meter. Im Ort
erinnern heute noch Markierungen an Bäumen und vielen Häusern an

den Höchststand der Oder. Das Pegelhäuschen ist zu einem viel besuchten touristischen Ziel geworden. Man erreicht es nach einem Fußmarsch von einem großen Parkplatz am Eingang des Ortes aus. Vom Pegelhäuschen etwa 200 Meter weiter auf dem Deich entlang ist am von hier aus gut sichtbaren Zusammenfluss von Oder und Neiße auf einer Landzunge das Kreuz der

Das Ratzdorfer Pegelhäuschen

Begegnung auszumachen, errichtet 2003 zur Erinnerung an das Hochwasser und versehen mit der Verpflichtung des gemeinsamen Eintretens von Deutschen und Polen für den Schutz der uralten Flusslandschaft.

⑰ Barockwunder – Zisterzienser-Kloster voller Prunk

NEUZELLE. Weit über die Landesgrenze Brandenburgs hinaus bekannt ist Kloster Neuzelle als ein herausragendes Beispiel zisterziensischer Baukunst in Europa. Vor allem die katholische Stiftskirche St. Marien, der Mittelpunkt der im 13. Jahrhundert entstandenen Klosteranlage, wird in ihrer barocken Pracht kaum übertroffen von anderen Gotteshäusern und zieht viele Besucher an. Im 17. und 18. Jahrhundert war das einstige gotische Gotteshaus konsequent in süddeutschem Barock überformt worden

Katholische Stiftskirche, Klostergarten und Orangerie

Im Inneren der Stiftskirche

und erhielt eine prunkvolle Innenausstattung. Italienische Künstler versahen die Kirche mit Fresken und Stuckarbeiten. Als einziges Kloster der Niederlausitz hatte Neuzelle die Reformation überstanden, doch 1817 wurde es unter Friedrich Wilhelm III. säkularisiert, seine Besitztümer gingen an das preußische Staatliche Stift Neuzelle, das bis 1955 bestand, dann von der DDR aufgelöst und 1996 als Stiftung des Landes Brandenburg wiedergegründet wurde. Die Stiftskirche dient heute der katholischen Gemeinde Neuzelle als Pfarrkirche. Zur einstigen Klosteranlage gehören noch die evangelische Pfarrkirche zum Heiligen Kreuz, ebenfalls eine Barockkirche mit imposanter Kuppel und einem 125 Quadratmeter großen Kuppelfresko, des Weiteren Kreuzgang und Klausur, museal genutzt wie auch der einstige Kutschstall. In ihm ist ein Himmlisches Theater zu bewundern – Teile der wertvollen Neuzeller Passionsdarstellungen vom Heiligen Grab aus dem 18. und 19. Jahrhundert, inszeniert als monumentales Barocktheater mit 15 Szenen in fünf Bühnenbildern. Europaweit gelten die Darstellungen als einzigartig.

Auf dem Gelände kann auch ein im 18. Jahrhundert angelegter barocker Klostergarten sowie die letzte produzierende Klosterbrauerei des Landes Brandenburg besucht werden.

ℹ️ Tourist-Information: Stiftsplatz 7, 15898 Neuzelle, Tel. +49 33652-61 02, www.neuzelle.de

Öffnungszeiten in der Klosteranlage

ℹ️ Katholische Stiftskirche: Mai bis Oktober Mo–Fr 10–12 Uhr und 13–17 Uhr, Sa/So 11–16 Uhr; November bis April Mo–Fr 11–12 Uhr und 14–16 Uhr, Sa 11–12 Uhr und 14–15.30 Uhr, So 11–12 Uhr und 13–15.30 Uhr

ℹ️ Evangelische Pfarrkirche: Mo–Sa 11–15 Uhr, So 12–15 Uhr

ℹ️ Kreuzgang und Klausur, Himmlisches Theater: Sommersaison Mo–So 10–18 Uhr, Wintersaison Mo–So 10–16 Uhr

ℹ️ Klostergarten: Mai bis Oktober Mo–So 10–20 Uhr, November bis April Mo–So 10–16 Uhr

ℹ️ Klosterbrauerei-Führungen: Mai bis Oktober täglich 13 Uhr

⑱ Frankfurt/Oder und Heinrich von Kleist

Heinrich von Kleist
(1777–1811)

FRANKFURT/ODER. Dem 1777 in der alten Garnison-stadt Frankfurt an der Oder geborenen Dramatiker, Erzähler, Lyriker und Publizisten Heinrich von Kleist lässt sich bis heute kein genaues Geburtsdatum zu-ordnen. War es der 18. Oktober oder der 10. Oktober, wie er selbst angab? Die im Garten des Kleist-Museums in seiner Geburtsstadt liegende Replik der Grab-platte vom Berliner Wannsee, wo sich Kleist mit nur 34 Jahren das Leben nahm, nennt zudem irrtümlich als Geburtsjahr 1776. Wie auch immer: Kleist entstammte pommerschem Uradel, man war in Preußen bekannt – als Generäle und Feldmarschälle, als Gutsbesitzer, Gelehrte und Diplomaten. Die Familie von Obristwachtmeister Joachim Friedrich von Kleist wohnte bei der Geburt von Sohn Heinrich in der jetzigen Großen Oderstraße gegenüber der mittelalterlichen Marienkirche (siehe S. 144). Das Geburtshaus existiert nicht mehr, aber eine Gedenk-tafel am Wohnblock aus den 1950er Jahren an dieser Stelle erinnert daran. Nach dem Tod des Vaters 1788 Erziehung in Berlin, ungeliebter Militärdienst in Potsdam und dann wieder Frankfurt an der Oder und ein Studium an der Universität Viadrina, später Arbeit in Ministerien, Reisen, vor allem aber Schreiben … Der junge Mann mit sehr komplexer Persönlichkeit führte ein Leben mit vielen Krisen und Katastrophen, sagte über sich, dass er ein Dichter sei, den die Welt nicht tragen könne, und scheiterte. Er hinterließ, nicht angemessen gewürdigt zu Lebzeiten, ein umfangreiches Werk – Theaterstücke wie »Das Käthchen von Heil-bronn«, »Der zerbrochne Krug«, »Amphitryon« und »Penthesilea« sowie die Novellen »Michael Kohlhaas« und »Die Marquise von O.…« – und ist

Denkmal für Heinrich von Kleist von Gottlieb Elster

Frankfurts Kleist-Museum im Barock-gebäude mit modernem Anbau

heute einer der meistgespielten Dramatiker auf deutschen Bühnen. Das Frankfurter Kleist-Museum in einem barocken Gebäude, als eines der schönsten Literatur-Museen Europas geltend und seit wenigen Jahren um einen modernen und lichtdurchfluteten Museumsanbau erweitert, zeigt eine Dauerexposition über Leben und Werk Heinrich von Kleists mit dem Titel »Rätsel. Kämpfe. Brüche. Die Kleist-Ausstellung«. Regelmäßig wird zu Wechselausstellungen eingeladen.

ℹ️ Kleist-Museum: Faberstr. 6–7, 15230 Frankfurt/Oder,
Tel. +49 335-3 87 22 10, www.heinrich-von-kleist.org, www.kleist-museum.de
Öffnungszeiten: Di–So 10–18 Uhr,

ℹ️ Deutsch-Polnische Tourist-Information: Bolfrashaus, Große Oderstr. 29,
15230 Frankfurt/Oder, Tel. +49 335-6 10 08 00, www.tourismus-ffo.de,
www.frankfurt-oder-tourist.de

19 Bilderbibel – Fenster mit besonderen Glasmalereien

FRANKFURT/ODER. Ein Wahrzeichen von Frankfurt/Oder ist die große fünfschiffige Hallenkirche St. Marien. Dieses herausragende Beispiel norddeutscher Backsteingotik aus dem 14. Jahrhundert war 1945, als Frankfurts Stadtzentrum zu 93 Prozent in Schutt und Asche lag, vollständig ausgebrannt. 1980 wurde mit der umfassenden Sicherung und dem Wiederaufbau begonnen. Seit 2006 dient die Kirche als soziokulturelles Zentrum, hier finden Ausstellungen, Theateraufführungen, Konzerte und besondere Gottesdienste statt. Ihr größter Schatz sind drei zwölf Meter hohe, einzigartige Chorfenster mit mittelalterlichen Glasmalereien, entstanden um 1370 und im 19. Jahrhundert zu diesen drei zentralen Fenstern zusammengefasst und ergänzt. Die 117 von den Bürgern der Stadt finanzierten Bilder sind jeweils 83 mal 43 Zentimeter groß und erzählen als Bilderzyklus die

Frankfurts Marienkirche

Schöpfungsgeschichte der Welt, das Leben Christi und – als eine in Kirchen sehr seltene Darstellung – die Antichrist-Legende. Die wertvollen Glasfenster waren 1941 ausgebaut und im Neuen Palais von Potsdam-Sanssouci aufbewahrt worden. 1946 gerieten sie als Beutekunst in die Sowjetunion. Ab 2002 kehrte die wertvolle gläserne Bilderbibel aus der Eremitage von St. Petersburg zurück und wurde sorgfältig rekonstruiert. Das erste Fenster konnte im

Die drei Chorfenster von St. Marien   Detailansicht

Jahre 2005 wieder eingebaut werden, 2007 folgten die beiden anderen. 2008 kamen aus dem Puschkin-Museum Moskau noch sechs bislang fehlende Bilderfelder hinzu. Für das Umfeld der Biblia Pauporum/Bibel der Armen genannten farbenprächtigen Fenster entstanden zeitgleich mit ihrer Restaurierung sieben moderne Chorumgangsfenster mit 294 Bildfenstern, in zumeist gedeckten Tönen entworfen und geschaffen von dem Berliner Künstler Hans Burger. Sie greifen die Themen der mittelalterlichen Darstellungen in moderner Form auf.

ℹ️ Marienkirche: Oberkirchplatz 1, 15230 Frankfurt/Oder
Öffnungszeiten: täglich, Mai bis September 10–18 Uhr, Oktober bis April 10–16 Uhr
Führungen: Gemeindebüro Tel. +49 335-38 72 80 10 oder
Deutsch-Polnische Tourist-Information Tel. +49 335-6 10 08 00

㉔ Kunstwerke – Schmuck und Identität für die Stadt

FRANKFURT/ODER. Außerordentlich viele Kunstwerke im öffentlichen Raum und an Bauwerken sind in Frankfurt/Oder zu finden. An die 250 Denkmäler, Skulpturen und Objekte aus Bronze, Stahl, Stein und Holz, Malereien, Mosaike und keramische Werke, künstlerisch gestaltete Brunnenanlagen und andere Kunstobjekte vorwiegend aus den letzten Jahrzehnten des vergangenen Jahrhunderts verleihen der nach großen Zerstörungen im Zweiten Weltkrieg wieder aufgebauten Stadt ohne ein historisches Zentrum Schmuck und Identität. Besonders spektakulär ist der im Jahr 2000 eingeweihte Comic-Brunnen aus Edelstahl-Glasfiber von Michael Fischer-Art in der Nähe von historischem Rathaus und St. Marienkirche. Er irritiert, provoziert, gibt jedoch dem nüchternen Platz im Stadtzentrum Gesicht. Der Flutstein auf der Oderpromenade,

Comic-Brunnen von Michael Fischer-Art im Zentrum von Frankfurt/Oder

Großer Holzstuhl von Eberhard Krüger am deutschen Oderufer

eine 1,5 Meter hohe Stele bestehend aus sechs Quadern, ist eine Arbeit der Gronenfelder Werkstätten und wurde nach dem Oderhochwasser 1997 errichtet. Die Steine bilden Frankfurt und die nach oben hin immer wilder werdende Oder ab. Ein Brückenschlag der besonderen Art über den Grenzfluss sind die überdimensionalen, 1995 errichteten Holzstühle auf deutscher und polnischer Seite von Eberhard Krüger.

㉑ Frankfurt/Oder und Konrad Wachsmann

FRANKFURT/ODER. Als Architekt des hölzernen Sommerhauses von Albert Einstein in Caputh bei Potsdam ist der 1901 in Frankfurt an der Oder geborene Konrad Wachsmann landläufig bekannt. Vor allem jedoch hat sich der 1938 aus Deutschland Emigrierte als einer der ersten Architekten überhaupt mit der industriellen Vorfertigung von Gebäuden beschäftigt. Er entwickelte in den USA ein Fertighaussystem in Holzbauweise und wurde damit in-

Konrad Wachsmann (1901–1980)

ternational bekannt. Später lehrte und forschte er, immer die Idee des industriellen Bauens verfolgend. Wachsmann war das Kind wohlhabender jüdischer Eltern, sein Vater Besitzer der Apotheke zum Schwarzen Adler, der ältesten Apotheke der Stadt in der Nähe von Marienkirche (siehe S. 144) und Rathaus. Die sechsköpfige Familie wohnte in einem gotischen

Gebäude, das bis 1539 das Stadthaus der Bischöfe von Lebus (siehe S. 128) gewesen war und im Frühjahr 1945 zerstört wurde. Heute erinnert am einstigen Standort, am modernen Cinestar-Gebäude, eine Tafel an den berühmten Frankfur-

ter. Der hatte in der Möbeltischlerei Münnich nach einer unerfreulichen Schulzeit ein solides Handwerk erlernt und baute hauptsächlich Särge, »berappelte« sich dann und studierte von 1920 bis 1924 in Berlin und Dresden, wurde 1926 Chefarchitekt des Holzbau-Unternehmens Christoph & Unmack AG in Niesky/Oberlausitz und arbeitete später als freier Architekt. Nur wenige Wachsmann-Bauten sind in Deutschland erhalten geblieben: in Niesky ein hölzernes Direktorenhaus, das bereits erwähnte Sommerhaus Einsteins und das massive Wohnhaus eines Dr. Estrich in Jüterbog. In seiner Geburtsstadt wird ihm das unter Denkmalschutz stehende Holzgebäude auf dem Gelände des Lutherstiftes zugeschrieben. Der amerikanische Staatsbürger Wachsmann besuchte Frankfurt/Oder 1973 erstmals wieder und kam 1979 ein zweites Mal. Sein Wunsch war: »Wenn mir etwas passiert, will ich hier in Frankfurt begraben sein. Man muss einen Platz haben, wo man hingehört.« Der 1980 Verstorbene hat sein Grab auf dem Frankfurter Hauptfriedhof. Für ihn sowie seine Mutter und Schwester, die im Rigaer Ghetto ums Leben kamen, verlegte die Stadt im Jahr 2012 Stolpersteine. Auf dem Hof des Konrad-Wachsmann-Oberstufenzentrums in der Potsdamer Str. 4 befindet sich die vier Meter hohe Skulptur »Stehender Knoten« von Egidius Knops , die freie künstlerische Umsetzung eines von Wachsmann konstruierten Knotenpunktsystems.

Grab auf Frankfurts Hauptfriedhof

»Stehender Knoten« von Igidius Knops

㉒ Oderturm – Brandenburgs höchstes Gebäude

FRANKFURT/ODER. Das höchste Gebäude des Landes Brandenburg steht in Frankfurt/Oder, es ist der 88,95 Meter hohe, 24-stöckige und weithin sichtbare Oderturm im Zentrum der Stadt. Errichtet zwischen 1968 und 1976, beherbergte er damals Wohnungen und Betriebsräume, im Erdgeschoss Geschäfte und Restaurants, ganz oben ein Panorama-Café. Der Turm wurde zwischen 1992 und 1994 komplett umgebaut und rekonstruiert. Eine Fläche von 41 000 Quadratmeter stand danach zur Verfügung. Im Erdgeschoss befindet sich heute eine Einkaufspassage mit einem zum Teil aus Glas gefertigten Dach, in den Etagen sind Büros, Praxen und vieles andere zu finden.

Dominanter Oderturm im Stadtzentrum

㉓ Schmuckstück – alte Post mit blauem Kasten

FRANKFURT/ODER. Auffallend blau leuchtet im Zentrum von Frankfurt/Oder an der Ecke gegenüber dem Oderturm ein alter preußischer Postkasten. Er ist ein kleines Detail an einem ansonsten großen neugotischen Gebäude mit Blei- und Buntglasfenstern. In dessen Innerem hat es aufwändig verzierte Kreuzgewölbe, Holzschnitzereien an Türen und Säulen sowie Deckengemälde. Es ist das historische Hauptpostamt der Stadt, für das einstmals jeder Stein einzeln gegossen, gebrannt und lasiert wurde. Ein Schild an der Fassade erzählt: »30.3.1897 Genehmigung des Grunderwerbs durch den Generalpostmeister und Mitbegründer des Weltpostvereins Heinrich von Stephan, der 1855/56 bei der Königlichen Oberpostdirektion Frankfurt/Oder wirkte. 7.10.1899 Grundsteinlegung, 24.8.1902 Einweihung«. Heinrich von Stephan stiftete also der Stadt das

Der schöne blaue Postkasten

Teil der prachtvollen Außenfassade

Grundstück für ihre Post. Im denkmalgeschützten Gebäude nutzt die Post heute noch einige Räume im Erdgeschoss, die Universität Viadrina den ehrwürdigen Stephanssaal und einen Teil der vielen Räumlichkeiten in den oberen Geschossen.

㉔ Frankfurt/Oder und Carl Philipp Emanuel Bach

FRANKFURT/ODER. Die ehemalige Franziskaner-Klosterkirche von Frankfurt/Oder aus dem 13. Jahrhundert, heute eine renommierte Konzerthalle, wurde mit ihrem Umbau 1970 nach dem Komponisten Carl Philipp Emanuel Bach benannt, dem 1714 geborenen zweiten und wohl berühmtesten Sohn des großen Johann Sebastian Bach. Carl Philipp Emanuel Bach gilt als eine der bedeutendsten Persönlichkeiten in Frankfurts Musikleben. Von 1734 bis 1738 studierte er an der Universität Viadri-

Carl Philipp Emanuel Bach (1714–1788)

na die Rechtswissenschaften und war zudem sehr rege musikalisch tätig. Über seine Frankfurter Zeit schrieb er: »Nach geendigten Schulstudien an der Leipziger Thomasschule habe ich die Rechte sowohl in Leipzig als nachher in Frankfurth an der Oder studirt, und dabey am letzten Orte sowohl eine musikalische Akademie als auch alle damals vorfallenden öffentlichen Musiken bey Feyerlichkeiten dirigirt und komponirt.« Schon 1731 hatte der Bach-Sohn mit dem Komponieren begonnen. Zwar schloss er dann in Frankfurt seine Studien ab, verzichtete aber auf eine

Bronzeplastik »Carl Philipp Emanuel Bach« von Nanette Ganthus

Akademikerlaufbahn und wurde zum »Berliner Bach« sowie zum »Hamburger Bach«. Er komponierte für Cembalo, Klavier und Flöte, war Kammermusiker und wandte sich später vor allem der Kirchenmusik zu. Zu seinen Lebzeiten war der Sohn berühmter als der Vater. Die nach Carl Philipp Emanuel Bach benannte Konzerthalle prägt wesentlich Frankfurts Kulturleben mit Klassik-Festivals wie den Musikfesttagen an der Oder und vielen Konzert-Events. Sie ist Sitz und Spielstätte des Brandenburgischen Staatsorchesters Frankfurt/Oder, einer Singakademie und des Orchesters der Frankfurter Musikfreunde. In der Sakristei der Klosterkirche ist die weltweit einzige ständige Ausstellung über Leben und Werk von Carl Philipp Emanuel Bach zu besichtigen. An einer CD-Hörstation lässt sich seiner Musik lauschen.

Konzerthalle Carl Philipp Emanuel Bach: Lebuser Mauerstr. 4, 15230 Frankfurt/Oder, Ticket-Kasse +49 335-4 01 01 20, www.muv-ffo.de Öffnungszeiten der Ausstellung: außerhalb von Proben und Konzerten 10–18 Uhr Führungen: Tel. +49 335-40 15 60 oder Deutsch-Polnische Tourist-Information Tel. +49 335-6 10 08 00

Die Frankfurter Konzerthalle »Carl Philipp Emanuel Bach«

㉕ Heilandskapelle – Verzierung mit Drachenköpfen

FRANKFURT/ODER. Etwas fremdartig mutet die Heilandskapelle im
Nordwesten von Frankfurt/Oder am Rand des Klingetales an. In russischer Holzbauweise aus skandinavischer Fichte errichtet, fällt sie in der
sie umgebenden so genannten Heimkehrsiedlung auf. Die Kapelle wurde 1915/1916 von russischen Kriegsgefangenen
gebaut und war damals Zentrum des Kriegsgefangenen-
lagers Gronenfelde, eines am Ende

des Ersten Weltkrieges mit 22 000
Gefangenen riesigen Komplexes.
Man nutzte die »Russenkirche«
für Gottesdienste verschiedener
Konfessionen sowie für andere
Zusammenkünfte, als Lesehalle
und Theaterraum. Die Heimkehrsiedlung selbst entstand in den
1920er Jahren, hier suchten nach
dem Versailler Vertrag Flüchtlinge
aus ehemals deutschen Gebieten
im Osten sowie aus der Sowjetunion geflohene Russlanddeutsche
eine neue Heimat. 85 von ihnen
bildeten eine Heimkehrer-Bau-
vereinigung und die Heimkehrsiedlung entstand. Ihre Bewohner

Einzigartige Heilandskapelle

erhielten die von Verfall bedrohte Kirche, bei ihrer Einweihung 1928
gaben sie ihr den Namen Heilandskapelle. In ihrem Inneren sind ein
wertvoller großer Kronleuchter und sehr schöne Schnitzarbeiten zu
bewundern. Sowohl innen als auch außen fallen viele Drachenköpfe
und Drachenfiguren auf, vermutlich nordische Motive, die zu Beginn
des 20. Jahrhunderts dem Zeitgeist entsprachen. Ein Förderverein für
die in Deutschland einmalige Heilandskapelle machte die mystischen
Drachenköpfe zu seinem Logo und betreut die für Gottesdienste und
kulturelle Veranstaltungen genutzte Kirche. Seit mehreren Jahren findet
die Veranstaltungsreihe »Sommer in der Heilandskapelle« mit Konzerten, Lesungen und Theaterveranstaltungen statt.

ℹ️ Heilandskapelle: Eichenweg 40/41, 15234 Frankfurt/Oder,
Offene Kirche, www.heilandskapelle-ffo.de
Führungen in der Heilandskapelle unter folgenden Telefon-Nummern:
+49 335-6 52 35, +49 335-6 52 25, +49 335-6 53 81

Grenzgänger-Tipps

Die Stadtbrücke der Doppelstadt Frankfurt/Oder–Słubice ist wie ein Nadel-
öhr für grenzüberschreitende Aktivitäten in dieser Region. Über sie führen
Rad-Routen ins Nachbarland. Kulturbeflissene queren sie auf der Kleist-
Route. Sie gehört zu einer Słubfurt-Tour. Auch die Pilger Richtung Polen
nutzen sie, und der Stadtbus ist täglich auf ihr unterwegs.

Flussfahrten – Mit Zefir auf der Oder unterwegs

Zefir auf Tour

SŁUBICE UND FRANKFURT/ODER.
Die polnischen Fahrgastschiffe
Laguna und Zefir sind in der Saison
von April bis Oktober auf der landschaftlich reizvollen Mittleren Oder
beiderseits der Grenze unterwegs. Die
beiden Ausflugsschiffe wurden im
Rahmen des grenzüberschreitenden
Projektes »Oder für Touristen 2014«
gebaut. Laguna befährt die Route Ci-
gacice/Tschicherzig, Nowa Sól/Neusalz an der Oder, Bytom Odrzański/Beu-
then an der Oder und Głogów/Glogau. Für einen Trip mit Anlegestellen auf
deutscher Seite bzw. leicht erreichbar von deutscher Seite aus bietet sich das
Fahrgastschiff Zefir mit seiner Route Kostrzyn nad Odrą/Küstrin, Słubice/
Frankfurter Dammvorstadt, Eisenhüttenstadt und Krosno Odrzańskie/Cros-
sen an. Dabei geht es entlang naturbelassenener stiller Ufer und den Weiten
der Oderauen. Zefir ist etwa 25 Meter lang und kann etwa 90 Passagiere
befördern. Es hat zwei Decks, das beheizte Unterdeck kann für Konferenzen
und Feiern zu verschiedenen Anlässen genutzt werden. Angeboten werden
einstündige Kurzfahrten, dreistündige Ausflugsfahrten sowie Familien-, Be-
triebs- und Vereinsausflüge im individuellen Charterverkehr.

ℹ Tel. +48 53-1 01 31 93, www.oderfuertouristen.de

Führungen – Durch Słubfurt und im Oderraum

FRANKFURT/ODER und SŁUBICE. Eine besondere Stadtführung bringt Touristen die fiktive Doppelstadt Słubfurt, entstanden aus Frankfurt/Oder und
Słubice/Frankfurter Dammvorstadt, nahe. Diese Tour, zu buchen über die
Deutsch-Polnische Tourist-Information Frankfurt/Oder, zeigt das Besondere
einer langjährigen Grenzsituation auf. Beim Gang zu interessanten Orten in

Die Stadtbrücke zwischen Frankfurt/Oder und Słubice

»Furt« und »Słub«, beim Reden über die »Wirklichkeitskonstruktion« Słub-furt tun sich überraschende Perspektiven auf. Ein spannendes Unternehmen, das im Rahmen des deutsch-polnischen Netzwerkes von Nichtregierungs-organisationen und Künstlern NOWA AMERIKA sensibilisieren will für Chancen des Landstrichs rechts und links von Oder und Neiße.

Eine Führung der anderen Art bieten zehn Informationsstelen zwischen dem Stadion der Freundschaft und dem Winterhafen von Frankfurt/Oder. Es ist ein kleines Museum im Freien, das Besuchern mit kurzen Texten und Fotos den Oderraum und das Leben der Menschen an beiden Ufern des Flusses in Vergangenheit und Gegenwart erschließt.

ℹ Deutsch-Polnische Tourist-Information: Bolfrashaus, Große Oderstr. 29, 15230 Frankfurt/Oder, Tel. +49 335-6 10 08 00, www.tourismus-ffo.de, www.frankfurt-oder-tourist.de

ℹ www.nowa-amerika.net

Kleist-Route – auf den Spuren zweier Schriftsteller

FRANKFURT/ODER und SŁUBICE. Eine 20 Kilometer lange Kleist-Route durch Słubice/Frankfurter Dammvorstadt verbindet Orte beiderseits der Oder, die Bezüge zu dem Schriftsteller Heinrich von Kleist (siehe S. 143) und dessen schriftstellerisch tätigen Großonkel Ewald Christian von Kleist (siehe S. 163) vorzuweisen haben. An neun Stationen stehen Erklärtafeln mit Informationen, historischen Fotos sowie Zitaten. Fünf der neun Punkte befinden sich auf Frankfurter Seite: das Kleist-Museum, Kleists einstiges Geburtshaus, der Gertraudenpark, der Kleistpark und die Konzerthalle. In und bei Słubice sind es die Oder/ Odra , eine Statue des Käthchen von Heilbronn/Statua Kasi z Heilbronnu,

Erklärtafel Kleist-Route

der einstige Kleist-Turm sowie ein Findling in Kunowice/Kunersdorf. Im
Kleist-Museum (siehe S. 143) und in den Tourist-Informationen werden
kostenlose Broschüren in Deutsch und Polnisch mit einer Beschreibung
der Route für Spaziergänger und Radfahrer zur Verfügung gestellt. Das
Museum bietet auf Nachfrage auch Führungen an.

ℹ️ www.heinrich-von-kleist.org, www.kleist-museum.de

ℹ️ www.tourismus.ffo.de, www.frankfurt-oder-tourist.de

ℹ️ www.slubice.pl

Buslinie – bequem über die Stadtbrücke und zurück

FRANKFURT/ODER und SŁUBICE. Bequem von einer
Oderseite zur anderen kommt man von Słubice/
Frankfurter Dammvorstadt mit der ersten
grenzüberschreitenden Buslinie im öffentlichen
Nahverkehr zwischen Deutschland und Polen. Die Linie startet entweder
vom Frankfurter Bahnhof oder vor der an der Oder gelegenen Europa-
Universität Viadrina zur Fahrt über die Stadtbrücke. Die einzelnen
Stationen ermöglichen Stadtrundgänge und Einkaufsbummel. Die Linie
wird sowohl von Touristen als auch von Studenten der Europa-Univer-
sität in Anspruch genommen.

ℹ️ www.svf-ffo.de

Radwanderweg – unterwegs zwischen Partnerstädten

BEESKOW und SULĘCIN. Interessant für »Grenzfahrer« ist ein Radwan-
derweg, der Beeskow und Friedland auf deutscher Seite mit der polnischen
Radfahrer-Metropole Sulęcin/Zielenzig (siehe S. 167) verbindet, der
120 Kilometer lange Radweg Beeskow-Sulęcin/Szlaki rowerowe Beeskow-

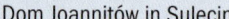

Dom Joannitów in Sulęcin

Eines der ältesten Häuser von Beeskow

Sulęcin. Die drei Städte pflegen generell enge partnerschaftliche Kontakte. Der Radweg führt auf gut ausgebauten Straßen von Beeskow über Friedland durch das Schlaubetal nach Frankfurt/Oder und – nach Überquerung der Stadtbrücke – durch die Auenwälder bei Słubice/Frankfurter Dammvorstadt die Oder entlang in das Trockenrasengebiet bei Owczary/Ötscher nach Górzyca/Göritz und zur Seenplatte um Ośno Lubuski/Drossen bis Sulęcin in die hügelige Zielenziger Schweiz. Es ist auf beiden Seiten eine landschaftlich sehr reizvolle Strecke.

ℹ️ www.seenland-os.de   ℹ️ www.turystyka-brandenburgia.pl
ℹ️ www.sulecin.pl

Abweichungen – mal weg vom Oder-Neiße-Radweg

FRANKFURT/ODER und SŁUBICE. Der beliebte Oder-Neiße-Radweg von der Neiße-Quelle bis zur Ostsee auf deutscher Seite erlaubt streckenweise auch »Abweichungen« auf die polnische Seite der Oder. So geht es beispielsweise ab Frankfurt/Oder nach Überquerung der Stadtbrücke von Słubice/Frankfurter Dammvorstadt aus über Górzyca/Göritz

In Frankfurt/Oder kurz vor der Brücke nach Słubice

bis nach Kostrzyn nad Odrą/Küstrin; allerdings fährt man nicht auf asphaltierten Radwegen. Ab Kostrzyn bis Szczecin/Stettin gibt es parallel zum Oder-Neiße-Radweg auf polnischer Seite den 155 Kilometer langen Radweg Grüne Oder/Szlak Zielona Odra, der sich zwischen Kostrzyn und der Grenzbrücke bei Krajnik Dolny/Niederkränig in der Nähe von Schwedt zu fahren empfiehlt, wenn man die nachbarliche Seite per Rad kennenlernen will. Auf etwa 100 Kilometer führt er über ruhige Straßen, die teilweise jedoch abseits der Oder verlaufen.

Pilgern – von Jakobsstele zu Jakobsstele

LEBUSER LAND und ZIEMIA LUBUSKA. Im deutsch-polnischen Grenzraum sind zunehmend Menschen unterwegs, die sich eine Auszeit vom hektischen Alltag nehmen und dabei das europäische Jakobswegnetz nutzen. Auf dem Gebiet der Euroregion Pro Europa Viadrina beiderseits der Oder ist der Jakobsweg als Pilger- und Wanderweg 332 Kilometer lang und mit einem einheitlichen Informations- und Leitsystem ausgestattet. Eingebunden sind Wanderwege, Kirchen, kulturelle und touristische Sehenswürdigkeiten. Die Jakobsmuschel fungiert als einheitliches Symbol, man findet Informations- und Kirchentafeln, Bänke und Schutzhütten zum Verweilen. Die Jakobsstelen sind eine Besonderheit dieses Weges.

Routen auf polnischer Seite
Hauptroute: Bledzew-Słubice ca. 92 Kilometer
Alternativroute: Łagów-Sulęcin 28 Kilometer.

Routen auf deutscher Seite
Nordroute: Frankfurt/Oder-Werneuchen 92 Kilometer
Südroute: Frankfurt/Oder-Erkner 70 Kilometer
Alternativroute: Kliestow-Lebus-Sieverstorf 27 Kilometer
Verbindungsrouten: Fürstenwalde-Müncheberg 23 Kilometer

Pilger-Wanderkarte im Maßstab 1:75 000 mit Informationspunkten auf deutscher und polnischer Seite: Jakobswege im deutsch-polnischen Grenzraum/Mapa pielgrzymkowo-wędrówkowa drogi św. Jakuba na pograniczu polsko-niemieckim. Zu beziehen u. a. über den Tourismusverband Seenland Oder-Spree (www.seenland-os.de) und die Deutsch-Polnische Tourist-Information Frankfurt/Oder (www.tourismus-ffo.de, www.frankfurt-oder-tourist.de).

ℹ www.deutsch-polnische-jakobswege.eu

Jakobsstele an der Oder bei Lebus

Spurensuche – Schachbrettsteine an Feldsteinkirchen

LEBUSER LAND und ZIEMIA LUBUSKA. Schachbrettsteine – behauene Quadersteine mit auffälligen Zacken- und Linienmuster sowie mit Kreuzen – lassen sich an Feldsteinkirchen beiderseits der Oder finden. Diese Kirchen entstanden oftmals mit der Ansiedlung von Tempelrittern im 12. und 13. Jahrhundert und wurden von eingewanderten Steinmetzen und anderen Handwerkern errichtet. Sie hinterließen zuweilen beson-

Schachbrettsteine an den Kirchen von Tempelberg (o.l.), Mallnow (o.r.), Kowalów (u.l.) und Radów (u.r.)

dere Steine im Eingangsbereich oder an Gebäudeecken. Es könnten einfache Baumeisterzeichen gewesen sein, oder aber man wollte sich damit vor Dämonen schützen. Auf deutscher Seite sind derartige Steine unter anderem im Nordost-Eckverbund der Kirchenruine Mallnow bei Lebus (siehe S. 99) und des Weiteren im kleinen Dorf Tempelberg/Gemeinde Steinhöfel nordöstlich von Fürstenwalde zu finden. Hier haben sich Tempelritter verewigt – der Stein in Augenhöhe neben einem vermauerten Portal an der Südseite der Kirche zeigt ein großes Kreuz, umgeben von vier kleinen Kreuzen. Auf der polnischen Seite, zu erreichen über die Stadtbrücke Frankfurt/Oder, gibt es zwei Feldsteinkirchen mit Schachbrettsteinen/czachownice wenige Kilometer östlich an der Straße 139 von Rzepin/Reppen nach Górzyca/Göritz. Die Kirche in Radów/Rade hat einen deutlich sichtbaren Schachbrettstein neben einer zugemauerten Öffnung, die in Kowalów/Kohlow besitzt drei, allerdings etwas schwer auszumachende Steine in größere Höhe an den Ecken.

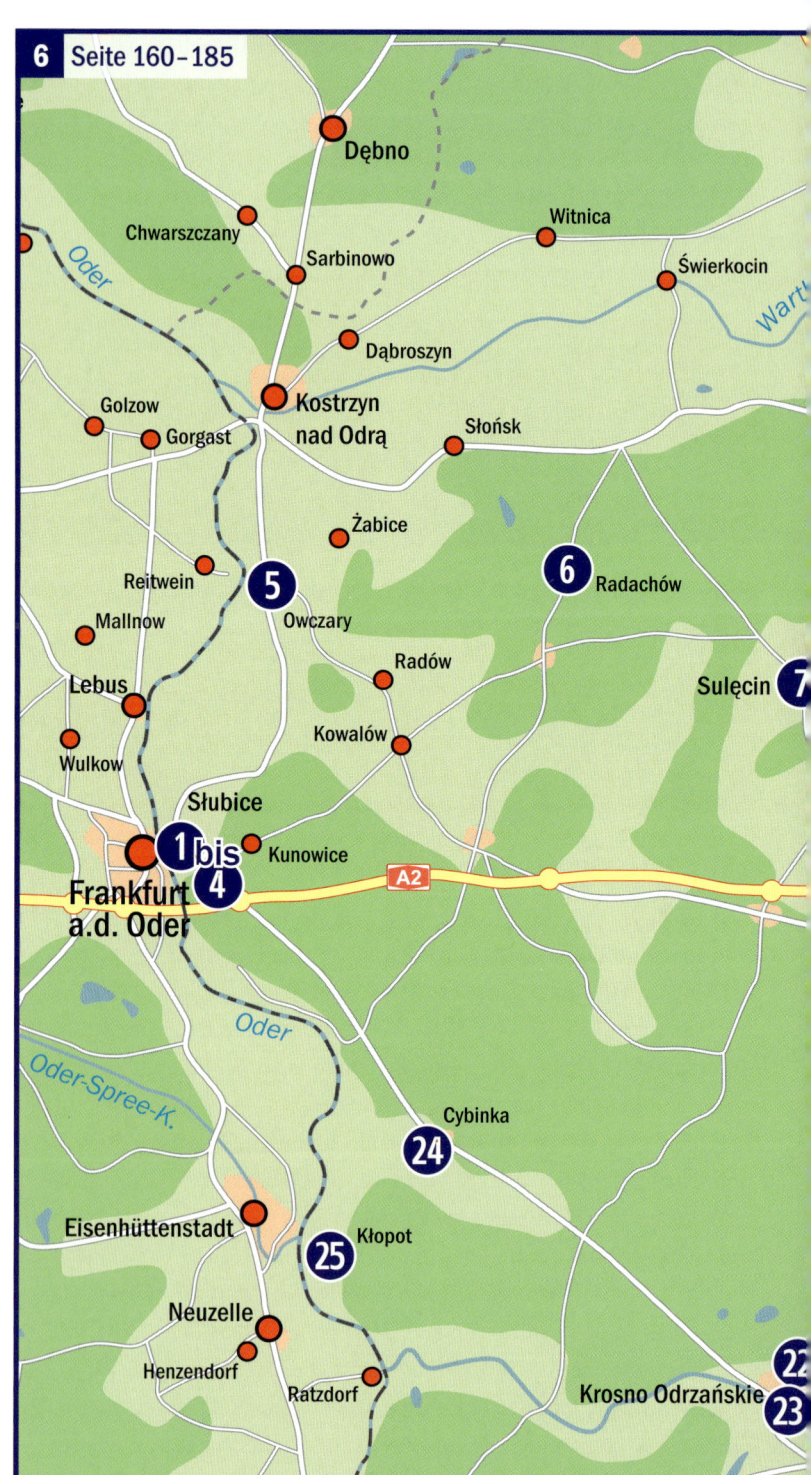

6 Seite 160–185

Dębno

Chwarszczany

Sarbinowo

Witnica

Świerkocin

Dąbroszyn

Golzow

Gorgast

Kostrzyn nad Odrą

Słońsk

Żabice

Reitwein

5

6 Radachów

Mallnow

Owczary

Radów

Sulęcin **7**

Lebus

Kowalów

Wulkow

Słubice

1 bis

Kunowice

4

Frankfurt a.d. Oder

A2

Oder

Oder-Spree-K.

Cybinka

24

Eisenhüttenstadt

Kłopot

25

Neuzelle

Henzendorf

Ratzdorf

Krosno Odrzańskie

22

23

Oder

Wart

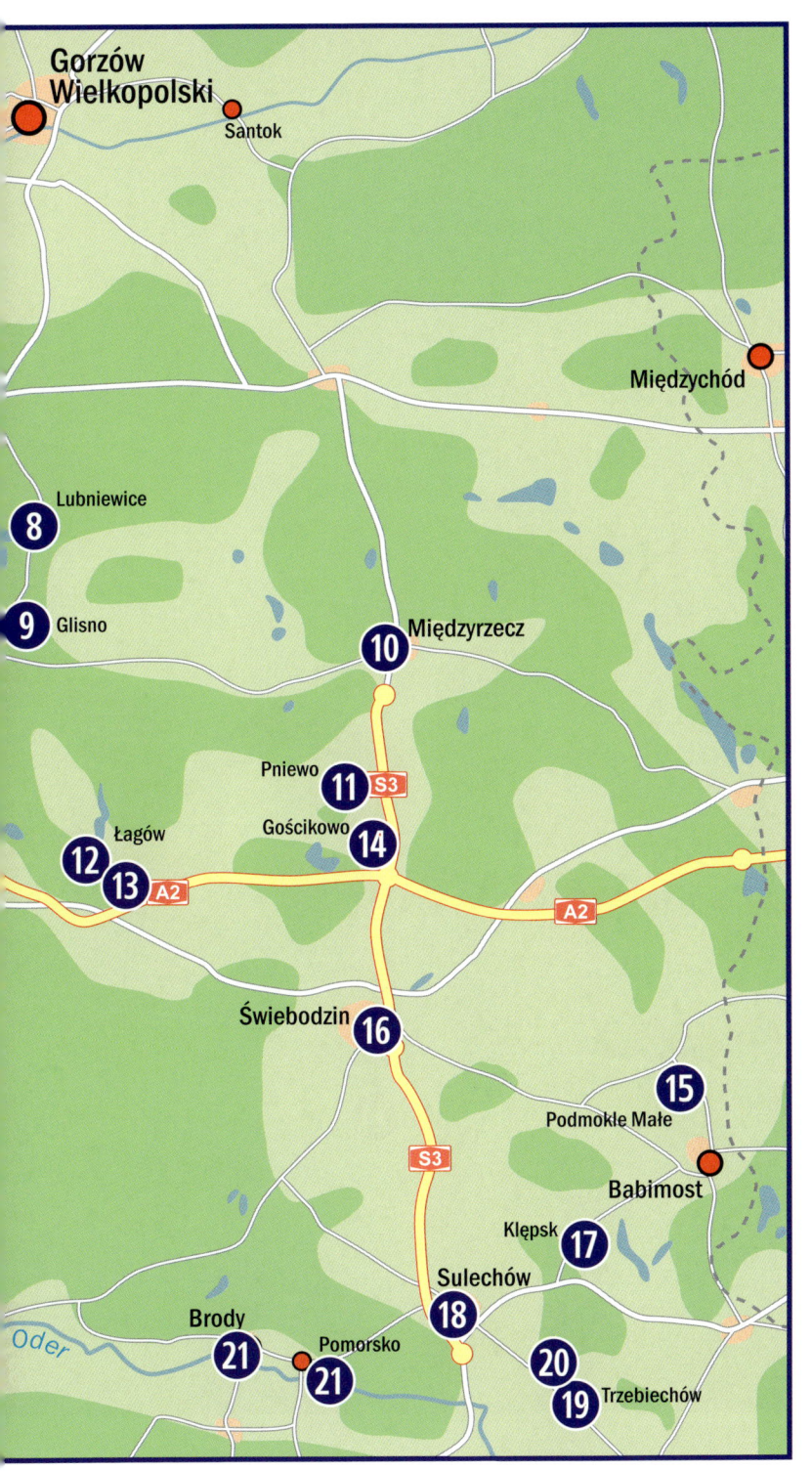

Die Johanniterburg von Łagów

Ziemia Lubuska rechts der Oder

Von der Doppelstadt Frankfurt/Oder-Słubice aus lassen sich in Ziemia Lubuska, dem polnischen Teil des alten Lebuser Landes, die unterschiedlichsten Entdeckungen machen. Sie reichen von einem einzigartigen Wiesenmuseum an den Oderhängen über ein paradiesisches Kloster und eine romantische Johanniterburg weiter im Landesinneren bis hin zum unterirdischen Labyrinth der alten militärischen Anlagen des Oder-Warthe-Bogens und zur monumentalen Christus-Statue. Von besonderer Güte ist in Trzebiechów/Trebschen das einzige von dem belgischen Jugendstil-Künstler Henry van de Velde ausgestattete Gebäude in Polen.

■■■■■■■■■■■■■■■■■■■■■■■■■■■■■■■■■■■■■

❶ Stadion – Sportoval mit markanten Arkaden

SŁUBICE/FRANKFURTER DAMMVORSTADT. Immer noch wird das Stadion des Sport- und Freizeitkomplexes von Słubice/Stadion Słubickiego Ośrodka Sportu i Rekreacji als »Olympia-Stadion« oder auch »Stadion Olimpijski« bezeichnet, weil es in der damaligen Dammvorstadt von Frankfurt/Oder für die Olympischen Spiele 1936 in Berlin errichtet worden sein und als Trainingsstätte für Athleten und als Spielort für das Fußball-Turnier gedient haben soll. Regionale Forschungen belegen jedoch, dass dem wohl nicht so war. Dennoch: Einen Besuch wert ist das beeindruckende Stadion, das dem MKS Polonia Słubice als Heimstatt dient und in dem polnische Sportler trainieren. Es befindet sich direkt neben

Das Stadion von Słubice

Słubices großem Bazar. Hinter den blauen Sitzen der neun Zuschauerreihen erheben sich Arkaden, die die Anlage wie ein Amphitheater aussehen lassen. Zum Stadion gehört auch ein Schwimmbad direkt hinter den Trainerbänken. 5000 Zuschauer fasst das Sportoval. Mit seinem Bau wurde während des Ersten Weltkrieges begonnen, russische Kriegsgefangene aus dem nahen Kriegsgefangenenlager Gronenfelde verrichteten ab 1915 die Erdarbeiten. Eingeweiht wurde die Sportstätte als Ostmark-Stadion mit Schwimmbad und Tennisplätzen 1927. Sie kann über die Eingänge an den Arkaden betreten werden.

ℹ Sport- und Freizeitkomplex/Ośrodek Sportu i Rekreacji: ul. Sportowa 1, 69-100 Słubice

ℹ Tourist-Information: Rathaus, ul. Akademicka 1, 69-100 Słubice, Tel. +48 95-7 37 20 00, www.slubice.pl

ℹ Landratsamt, ul. Piłsudskiego 20, 69-100 Słubice, Tel. +48 95-7 59 20 10, www.powiatslubicki.pl

❷ Jüdischer Friedhof – geschützte Ruhestätte

SŁUBICE/FRANKFURTER DAMMVORSTADT. An der Straßengabelung Richtung Rzepin/Reppen und Krosno Odrzańskie/Crossen in Słubice/Frankfurter Dammvorstadt befindet sich einer der ältesten jüdischen Friedhöfe Mitteleuropas, umgeben von einem festen Zaun. Am Ostufer der Oder hatten sich schon vor Gründung der Stadt Frankfurt im Jahre 1253 aus Westeuropa vertriebene Juden angesiedelt und auch ihre Toten bestattet. 1399 wurde der Friedhof erstmals erwähnt und über die Jahrhunderte mehrfach erweitert. Die letzte nachvollziehbare jüdische Bestattung fand 1944 statt. Nach 1945 verfiel der Friedhof und wurde ab

Grabsteine in der Gedenkstätte

Mitte der 1970er Jahre bis in die 1990er Jahre hinein unsensibel zweckentfremdet. Heute verwalten Warschaus jüdische Gemeinde und deren Stiftung zum Schutz des jüdischen Erbes das Gelände. An seiner Westseite (ul. Transportowa) befindet sich eine Gedenkstätte, durch den Zaun sind die erneuerten Grabsteine dreier Rabbiner und eine Gedenktafel zu erkennen. In der Mitte steht etwas erhöht auf einem Betonsockel der Grabstein von Joseph Meir Theomim, der in der jüdischen Welt große Bedeutung hat wegen seiner Kommentierung der jüdischen Speisevorschriften, die Bestandteil der Rabbiner-Ausbildung ist. Er war elf Jahre lang bis zu seinem Tod 1792 Frankfurts Rabbiner. Hinter einer weißen Wand liegt eine Gemeinschaftsgrabstelle, in die alte Friedhofserde mit Gebeinen zurückgebettet wurde.

i Jüdischer Friedhof/Cmentarz żydowski:
an der ul. Transportowa, 69-100 Słubice

❸ Kunersdorf und Ewald Christian von Kleist

KUNOWICE/KUNERSDORF. Als größte Niederlage Friedrichs II. im Siebenjährigen Krieg ist die Schlacht bei Kunersdorf/heute Kunowice, wenige Kilometer östlich von Frankfurt/Oder, in die Geschichtsbücher eingegangen. Den Preußenkönig schützte im August 1759 dabei seine goldene Tabakdose vor dem Tod durch eine Bleikugel. Dieses Glück hatte der 1715 auf einem hinterpommerschen Gut geborene preußische Offizier und Dichter Ewald Christian von Kleist, Großonkel des berühmten Heinrich von Kleist, nicht.

Ewald Christian von Kleist (1715–1759)

Er wurde bei dieser Schlacht schwer verwundet. Überliefert ist, dass ihm drei Kugeln das rechte Bein zerschmetterten. Kleist soll ohnmächtig bis zum nächsten Morgen auf dem Schlachtfeld gelegen haben und erst am nächsten Tag nach Frankfurt gebracht worden sein. Am 24. August 1759 erlag er seinen Verletzungen. Der sensible Kleist war Verfasser von Erzählungen, Gedichten, Fabeln und Hymnen, als sein Hauptwerk gilt das Gedicht »Der Frühling« von 1749. Das Gesamtwerk des mit nur

Reste des Kleist-Turmes

Alte Abbildung des Turmes

44 Jahren Verstorbenen erschien 1803 erstmals in zwei Bänden. Kleist zu Ehren wurde im Sommer 1892 auf der höchsten Erhebung in Frankfurts Dammvorstadt östlich der Oder, dem heutigen Słubice, der 21 Meter hohe Kleist-Turm mit Gaststätte eingeweiht, der ein beliebtes Ausflugsziel war. Die Wehrmacht sprengte den Turm in der Nähe des einstigen Ostmark-Stadions (siehe S. 161) im Frühjahr 1945, nur noch einige Bruchstücke sind erhalten. Bei Kunowice markiert ein einfacher Findling die Stelle auf dem einstigen Schlachtfeld, wo Ewald Christian von Kleist aufgefunden worden war. Ein von dem Bildhauer Melchior Kambley geschaffenes Grabdenkmal steht im Frankfurter Gertraudenpark.

❹ Kirchen – altes Schützenhaus und modernes Gebäude

SŁUBICE/FRANKFURTER DAMMVORSTADT. Eine Kirche ungewöhnlicher Art befindet sich in Słubice/Frankfurter Dammvorstadt an der Ausfall-straße Richtung Krosno Odrzańskie/Crossen, der ul. 1 Maja, gegenüber dem Oderdamm. Die weiße Marienkirche ist das umgebaute alte Frank-furter Schützenhaus. Die Schützengilde, gegründet 1406 und Frankfurts

Kirche der Jungfrau Maria

Moderne Heilig-Geist-Kirche

älteste Vereinigung, hatte 1775 auf dem Damm ein neues Städtisches Schützenhaus erhalten. Der Festsaal der Schützenbruderschaft wurde nach 1945, da die zu Słubice gewordene Frankfurter Dammvorstadt keine Kirche besaß, zu einer polnischen katholischen Andachtsstätte mit zeitgenössischer Ausstattung umgebaut. Der am Übergang vom 19. zum 20. Jahrhundert errichtete charakteristische Turm, der Schützenhaus und Festsaal miteinander verband, blieb erhalten. Eine neue Kirche für Słubice, die Heilig-Geist-Kirche, entstand in den 1990er Jahren an der ul. Wojska Polskiego im Norden der Stadt, sie erinnert in ihrer Architektur an einen monumentalen Schiffskörper und hat Bullaugen-Fenster.

❺ Wiesenmuseum – weltweit einzigartig

OWCZARY/ÖTSCHER. Bis zu 45 Meter über den Fluss erheben sich die Oderhänge bei Owczary/Ötscher südlich von Górzyca/Göritz. Hier gibt es das weltweit einzige Wiesenmuseum/Muzeum Łąki als Außenstelle des polnischen Naturschutzklubs/Stacja

Terenowa Klubu Przyrodników. Betreut wird ein 18 Hektar großes steppenähnliches Schutzgebiet in unmittelbarer Umgebung und man baut traditionelle Obstbaumsorten an. Die Oderhänge waren über viele Jahrhunderte Weideland für Schafe, dabei entstanden die so genannten Trockenrasen mit seltenen steppen-

Am Wiesenmuseum

artigen, nur in südlichen Ländern vorkommenden Pflanzen. Das natürliche Gleichgewicht war gefährdet, als es nach 1990 in diesem Gebiet keine Schafzucht mehr gab. Schafe und Pferde schützen heute wieder das artenreiche Trockenrasengebiet vor der Verbuschung. Im Wiesenmuseum von Owczary werden die verschiedenen Wiesenökosysteme der Erde präsentiert, das Hauptaugenmerk liegt dabei auf den ökologisch wertvollen Trockenrasen. Die Ausstellung ist in Polnisch, Deutsch und Englisch untertitelt. Zudem kann ein 2,5 Kilometer langer, mit Schautafeln bestückter Naturlehrpfad begangen werden. Das Museumsgebäude verfügt über Gästezimmer mit 22 Schlafplätzen.

ℹ Wiesenmuseum/Muzeum Łąki: Owczary 17, 69-113 Górzyca,
Tel. +48 95-7 59 12 20, www.kp.org.pl
Öffnungszeiten: Di–So von 10–16 Uhr

ŚCIEŻKA EDUKACYJNA

Auf dem Lehrpfad

❻ Radach und Hans Fallada

Hans Fallada
(1893–1947)

RADACHÓW/RADACH. Ein für die deutsche Literatur-
geschichte bedeutender Ort ist das kleine Dorf
Radachów/Radach in der Nähe von Ośno Lubuskie/
Drossen. Im Jahr 1923 stand hier Rudolf Ditzen,
der 1893 in Greifswald geborene Schriftsteller Hans
Fallada, als Gutssekretär sechs Monate im Dienst von
Ritterschaftsdirektor Curt von Pappritz. Radach war
nur eines von mehreren Gütern, auf denen Fallada
zwischen 1913 und 1923 tätig war. Auf diesem
Rittergut jedoch machte er zwischen Mai und Oktober des schweren
Krisenjahres 1923 prägende Erfahrungen, die in seinen berühmten,
1937 erschienenen Inflationsroman »Wolf unter Wölfen« auf eindrucks-
volle Weise einflossen. Das Dorf Radach wurde im Buch zu »Neulohe«.
Vom Schloss derer von Pappritz stehen heute nur noch Reste. Fallada
beschreibt das Gebäude im Roman anschaulich: »Das, was die Leute
›das Schloß‹ in Neulohe nannten, war das Haus des alten Herrn …, das
Schloß war auch nur ein gelber Kasten … immerhin mit einer richtigen
Freitreppe, einem Gartenzimmer mit Türen aus Glas bis an die Erde, der
›Saal‹ genannt, und einem Park.« Letzteren holte sich die Natur zurück.
In der Nähe blieben Wirtschaftsgebäude erhalten, die nach 1945 ein
Staatsgut waren und heute noch landwirtschaftlich genutzt werden. Im Ort steht eine denkmalgeschützte Fach-
werkkirche mit hölzernem Turm. Auf dem Friedhof daneben befinden sich einige
gepflegte deutsche Gräber. Nicht zu nahe und schon gar
nicht nebeneinander liegen hier Curt von Pappritz und
dessen ungeliebter Schwieger-sohn Gustav Schwanecke, die
Fallada als Horst-Heinz von Teschow und Rittmeister von
Prackwitz zu charismatischen, sich bekämpfenden Roman-figuren machte.

Reste des Radacher Schlosses

❼ Radlerparadies – die Sulęciner Schweiz erfahren

SULĘCIN/ZIELENZIG. Die kleine Stadt Sulęcin/Zielenzig, etwa 50 Kilometer von Frankfurt/Oder entfernt, und die Zielenziger Schweiz sind wie kaum eine andere polnische Region ein Paradies für Radfahrer – mit einer Fahrradausleihstation und einem 360 Kilometer umfassenden Netz gut ausgeschilderter Fahrradwege. Auch deshalb gilt Sulęcin als »Fahrradhauptstadt« des Lebuser Landes.

Durch die Gemeinde führt die internationale Fahrradroute R 1 und auch der Europäische Fernwanderweg E 11. Mehrere thematische Routen können in der Umgebung befahren werden. Jedes Jahr findet in Sulęcin ein internationales Radfahrertreffen statt. Die Tourist-Information mit einem umfangreichen Angebot für Rad- und Wandertouren befindet

Brunnen auf dem Markt

sich im Zentrum für deutsch-polnische Zusammenarbeit, dem einstigen Johanniterhaus. Dort kann man sich auch ausführlich über den grenzübergreifenden Radweg Beeskow-Sulęcin informieren (siehe S. 154).

ℹ️ Tourist-Information: Dom Joannitów, ul. Młynarska 1, 69-200 Sulęcin, Tel. +48 95-7 55 37 60, www.sulecin.pl

❽ Lubniewice und Michalina Wisłocka

LUBNIEWICE/KÖNIGSWALDE. Das Städtchen Lubniewice/Königswalde in der wald- und wasserreichen Lebuser Seenplatte besitzt einen Park der Liebe/Park Miłości, benannt nach der polnischen Sexualwissenschaftlerin Dr. Michalina Wisłocka. Die 1921 in Łódź geborene und in Polen sehr berühmte Gynäkologin soll hier in Lubniewice die Liebe ihres Lebens kennen gelernt haben. Mit vielen privaten Details, unter

Michalina Wisłocka (1921–2005)

anderem mit der Beschreibung einer ausgelebten Dreiecksbeziehung, hatte sie mit ihrem 2002 erschienenen autobiografischen Buch »Liebe für das Leben« viele geschockt. Dennoch konnte das die große Verehrung für sie in Polen kaum mindern. Bekannt war die 2005 Verstorbene, weil sie Frauen beriet und unterstützte in ihrer Fami-

Am nahen See

Im Park der Liebe

lienplanung, Unfruchtbarkeit behandelte und Methoden der Empfäng-
nisverhütung popularisierte. Zudem war Michalina Wisłocka Autorin
eines Buches, dass im konservativen Polen Mitte der 1970er Jahre hohe
Wellen schlug. »Die Kunst der Liebe« musste viele von Partei und Kirche
aufgestellte Hürden nehmen, bevor es erscheinen durfte, innerhalb von
sieben Jahren die sensationelle Auflage von sieben Millionen Exemplaren
erreichte und damit den Rekord von »Pan Tadeusz«, des ewigen polnische Bestsellers von Adam Mickiewicz, brach. Der nach der mutigen
Ärztin benannte Park der Liebe liegt an einer der schönsten Uferstellen
des großen Lübbens-Sees/Jezioro Lubiąż. Hier wurden nach einem
deutsch-polnischen Bildhauer-Workshop Holzskulpturen aufgestellt,
die die Liebe in mehreren Facetten zum Thema haben. An einer kleinen
Brücke können Liebespaare dauerhafte Beziehungen symbolisierende
Vorhängeschlösser anbringen. In der Nähe steht passend dazu eine von
Rosenranken umkränzte Bank.

ℹ️ Tourist-Information: Rathaus, ul. Jana Pawła II 51, 69-210 Lubniewice,
Tel. +48 95-7 55 70 52, www.lubniewice.pl. Am Ortseingang befindet sich ein
kleiner Info-Punkt in einem Souvenir-Geschäft.

❾ Schätze – Rokoko-Schloss und Schinkel-Kirche

GLISNO/GLEISSEN. Dem kleinen Glisno/Gleißen nordöstlich von
Sulęcin/Zielenzig ist auf den ersten Blick kaum anzusehen, welche Schät-
ze es zu bieten hat. Doch nicht von ungefähr heißt es zuweilen »Potsdam
en miniature«. Potsdams Schloss Sanssouci hat tatsächlich nirgendwo
eine so ähnliche Kopie gefunden wie hier mit dem Landgut von Glisno.
Der Architekt des zwischen 1790 und 1793 erbauten Rokoko-Schlöss-

Die Schinkel-Kirche in Glisno

Schloss Glisno

chen – mit Kuppeldach über einem hohen Saal und inmitten eines weit-
läufigen Parkes gelegen – ist unbekannt. Glisnos Schloss dient heute als
landwirtschaftliches Schulungszentrum, für Feiern sowie Tagungen und
im Herbst als attraktive Kulisse für bunte Bauernmärkte. Zweite Sehenswürdigkeit des Ortes ist eine klassizistische Kirche von 1837, entworfen
unter Beteiligung von Preußens berühmten Architekten Karl Friedrich
Schinkel. Auch hier sind Ähnlichkeiten zu einem bekannten Bauwerk, der
Schinkel-Kirche von Neuhardenberg im Oderbruch (siehe S. 87), zu entdecken. So hat das Gotteshaus in Glisno einen viereckigen Turm auf der
Westseite und den Haupteingang in dessen Erdgeschoss. Im Innenraum
wurde die charakteristische Empore auf Holzsäulen eingebaut.

i Schloss Glisno: Glisno 123, 69-210 Lubniewice,
Tel. +48 95-7 55 71 66, www.palac-glisno.pl

❿ Obrawalde – Ort grausamer Verbrechen

MIĘDZYRZECZ/MESERITZ. Im Stadtteil Obrzyce/Obra-
walde von Międzyrzecz/Meseritz, einer charmanten und
freundlichen Stadt etwa 60 Kilometer von Frankfurt/Oder
entfernt, liegt jenseits des Bahnüberganges ein großer
Krankenhauskomplex, erbaut 1904 als Provinzial-Irrenanstalt Obrawalde
und ab 1920 als Krankenhaus mit verschiedensten Abteilungen genutzt.
Mit Beginn des Zweiten Weltkrieges wurde Obrawalde als ausschließliche
Anstalt für Geisteskranke ein Ort unvorstellbarer Verbrechen, der sys-
tematischen Tötung von geistig und körperlich behinderten Menschen.
Ende 1939 brachte man hier über 2000 Patienten unter, für die lediglich
drei Ärzte zuständig waren. Bereits von November 1939 bis Januar 1940

Gedenkstein für die Opfer

ermordete hier die SS Patienten in Gaswagen. Bei der späteren Aktion T 4, einer berüchtigten Krankenmord-Aktion, wurde ab 1942 in Obrawalde mit Gift-Injektionen skrupellos getötet. Die Patienten kamen aus ganz Deutschland, aus Polen und der Sowjetunion, auch wurden Kriegsgefangene aus vielen Nationen und politische Gegner eingeliefert. Eine sowjetische Militärkommission stellte im Februar 1945 anhand vorgefundener Akten fest, dass hier in den zurückliegenden zwei Jahren an die 10 000 kranke Menschen ermordet worden waren. Bis 1965 fanden in der Bundesrepublik Deutschland mehrere Prozesse statt, um Schuldige zur Verantwortung zu ziehen. Den Opfern zwischen 1942 und 1945 wurde auf dem Krankenhausgelände im Jahr 1996 ein Denkmal gesetzt und über ihr Schicksal eine Ausstellung in einem Gedenkraum gestaltet.

ℹ️ Tourist-Information: Rathaus, Rynek 1, 66-300 Międzyrzecz, Tel. +48 95-7 42 69 64, www.miedzyrzecz.pl

⓫ Oder-Warthe-Bogen – Labyrinth von Tunneln

PNIEWO / OSTERWALDE. Kurz hinter Międzyrzecz/Meseritz, im Ortsteil Pniewo/Osterwalde von Kaława/Kalau, können Freunde von militärischen Bauten einen Teil der großen Festungsfront Oder-Warthe-Bogen, des so

Am Oder-Warthe-Bogen

genannten Ostwalls, kennen lernen und damit die größte Militärbunkeranlage Europas. Sie liegt in unmittelbarer Nähe der alten Grenze Deutschlands zu Polen, festgelegt durch den Versailler Vertrag 1919. Gebaut wurde der Ostwall zwischen 1934 und 1938 auf einer Länge von etwa 100 Kilometer und in einer Breite von zwei bis drei Kilometer. Dann stellte man die Arbeiten zugunsten des Westwalls ein. Die Anlage besteht aus Panzersperren, unterirdisch verbundenen Bunkern und aus einem hydrotech-

nischen System. Schwerpunkt bei
der touristischen Nutzung ist der
Zentralabschnitt des Oder-Warthe-
Bogens mit seinem Labyrinth von
Tunneln, die auf 32 Kilometer Länge
unterirdische Bahnhöfe, Werkstätten,
Munitionsdepots, Maschinenräume
und Kasernen verbinden und zum
Teil bis 52 Meter in die Tiefe reichen.
Obwohl die Rote Armee 1945 einen
Teil der Anlage sprengte, blieb vieles
erhalten. In der Nähe von Pniewo

Spaß am Panzer

am Zentralabschnitt kann das Gelände frei besichtigt werden, geführte
Touren gibt es unter die Erde zu Bunkern und Verbindungsgängen. In
ihnen ist über die Jahre ein riesiges Fledermaus-Schutzquartier entstanden, im Winter lassen sich hier an die 35 000 Fledermäuse nieder.

> ℹ️ Museum der Festungsfront/Muzeum Fortyfikacji: Pniewo 1,
> 66-305 Międzyrzecz/Kaława, Tel. +48 509-86 59 65 (deutschsprach. Kontakt),
> Öffnungszeiten: April bis September täglich 10–18 Uhr, Januar bis März und
> Oktober bis Dezember Di–So 10–16 Uhr, Sa und So um 12.15 Uhr deutsch-
> sprachige Führungen

⑫ Wahrzeichen – Burg der Ritter mit dem weißen Kreuz

ŁAGÓW/LAGOW. Bemerkenswert schön zwischen zwei malerischen Seen
liegt Łagów/Lagow, die so genannte Perle der Sternberger Schweiz. Den in-
ternationalen Urlaubsort in der Nähe der A 2 zwischen Poznań/Posen und
Berlin umgeben die prächtigen Buchenwälder eines 4500 Hektar großen
Landschaftsparkes. Als sein Wahrzeichen gilt eine von hohen Mauern
umschlossene Johanniterburg/Zamek Joannitów auf einem Hügel. Der
Ritterorden in schwarzer Tracht mit aufgenähtem weißen Kreuz erwarb
1347 »hus Lagow«, »dat oppene stedeken up dem berge vor Lagow«, mit
allem Zubehör für 400 Silbermark. Auch 22 umliegende Dörfer waren bald
in seinem Besitz. Eine neue Johanniterkomturei entstand und man begann
mit dem Bau der Burg und eines 35 Meter hohen Bergfrieds. Die Ritter
betrieben von hier aus Diplomatie und militärisches Handwerk, so den
Schutz von Handelswegen vor Raubrittern. Im 17. Jahrhundert erhielt die
Burg vier zweistöckige Flügel, die einen Renaissance-Innenhof bildeten.
Anfang des 19. Jahrhunderts geriet das Anwesen in Staatsbesitz, wurde
dann aber schnell privates Eigentum. Ab Anfang des 20. Jahrhunderts

Restaurant im Innenhof der Burg   Johanniterburg Łagów

schon galt der entzückende kleine Ort Lagow mit seinen altertümlichen Toren und Häusern als beliebtes Ausflugsziel für Gäste aus dem nahen Frankfurt an der Oder und aus Berlin. Nach 1945 wurde Łagóws Burg ein Ort der Kunst und Kultur – hier trafen sich Maler, Musiker, Filmschaffende. Seit Ende der 1960er Jahre findet hier traditionell alljährlich zur Mittsommernacht der Lebuser Filmsommer/Lubuskie Lato Filmowe, das älteste polnische Spielfilmfestival, statt. Zamek Joannitów wurde zu einem originellen Hotel mit knarrenden Dielen und uralten Möbeln in seinen Zimmern und Kammern. Viel wilder Wein an den Wänden schmückt das Restaurant im Innenhof.

ℹ️ Zamek Johannitów, Hotel und Restaurant: ul. Kościuszki 3, 66-220 Łagów, Tel. +48 68-3 81 40 33, www.zamek-lagow.com

⓭ Lagow und Gerhard Domagk

ŁAGÓW/LAGOW. Eine Tafel an einem der ältesten Häuser von Łagów/Lagow unterhalb der Johanniterburg weist auf einen Mann hin, der im Oktober 1895 in der kleinen Stadt 70 Kilometer östlich der Oder als Sohn des hiesigen Lehrers und seiner Frau geboren wurde. Aus dem Jungen, der bis 1900 hier eine idyllische Kindheit verlebte, sollte einmal ein Medizin-Nobelpreisträger werden. Dankbar erinnerte der Pathologe

Gerhard Domagk
(1895–1964)

und Bakteriologe Prof. Dr. Gerhard Domagk an seine Eltern, die mit ihren Kindern schon früh die umliegende Natur erkundet hatten: »Diesem Sehenlernen, was mich meine Eltern lehrten, verdanke ich Entscheidendes in meinem Leben.« Der Vater habe ihm beispielsweise die Getreidearten und auch vierblättrige Kleeblätter gezeigt. Letztere suchte das Kind dann oft auf Feldern und Wiesen, und Domagk, so heißt es, habe auch später noch einen besonders guten Blick dafür gehabt. Nach Schule, Kriegsdienst als Sanitäter und Medizinstudium forschte er an der Universität Greifswald zu bakteriell verursachten Infektionen. Bei späteren Arbeiten für die I.G. Farben in Wuppertal-Elberfeld führte er die Sulfonamide

Eines der ältesten Häuser von Łagów mit Tourist-Information

in die Chemotherapie bei bakteriellen Infektionen ein und entwickelte wirkungsvolle Arzneimittel zur Behandlung der Tuberkulose. 1935 hatte er die antibakterielle Wirkung von Prontosil, einem Sulfonamid-Farbstoff, entdeckt. Dafür erhielt er 1939 den Nobelpreis für Medizin. Doch er durfte ihn – nach einer Anordnung von 1937 für »Reichsdeutsche« – nicht annehmen, weil das Nobelpreiskomitee zuvor dem Journalisten und Regime-Gegner Carl von Ossietzky (siehe S. 115) den Friedensnobelpreis verliehen hatte. 1947 erhielt Domagk dann seinen Preis, ohne das Preisgeld allerdings. Geachtet und hoch geehrt verstarb er 1964 in Königsfeld im Schwarzwald.

i Tourist-Information: ul. Lutego 7, 66-220 Łagów,
Tel. +48 68- 3 41 21 86, www.lagow.pl

⑭ Zisterzienser-Kloster – Besichtigung eines Paradieses

GOŚCIKOWO/GOSTICHOWO. Ein sehenswertes Architekturdenkmal ist Klasztor Paradyż/Kloster Paradies in Gościkowo/Gostichowo nördlich von Jordanowo/Jordan und etwa 50 Kilometer von Frankfurt/Oder entfernt nahe der A 2. Dieses Kloster weit hinter der Oder hat eine lange und besondere Geschichte. Als im Jahre 1230 der Abt des brandenburgischen Klosters Lehnin das Dorf Gostichowo am Zusammenfluss von Obra und Packlitz/Paklica und neun weitere Orte von einem polnischen Grafen als Geschenk erhielt, war hier vor allem Sumpf. Doch es galt, die Grenze nach Pommern zu sichern und zudem die Ausdehnung der Mark Brandenburg über die Oder hinaus. Die Lehniner Zisterzienser bauten ab 1236 am noch unwirtlichen Ort ihr Kloster Paradisus Sankte Mariae und kultivierten

Kloster Paradies

zugleich weite Teile des umliegenden Landes. Mit der Zeit wurde das
Kloster sehr reich und Eigentümer eines großen Landgutes. Im frühen
18. Jahrhundert erhielt die Klosteranlage ihre heute noch zu bewundernde
Schmuckausrüstung im schlesischen Barock. Die Äbte von Kloster Paradies
waren bis zur ersten Hälfte des 16. Jahrhunderts deutscher Abstammung,
danach hatten 22 polnische Klostervorsteher das Sagen. Als ab 1793 das
Kloster zu Preußen gehörte, setzte der Niedergang der polnischen Abtei ein.
Von 1836 bis 1944 befanden sich hier ein Lehrerseminar und andere Bil-
dungseinrichtungen. 1952 wurde das Priesterseminar der Diözese Zielona
Góra-Gorzów im Paradies der Muttergottes eröffnet. Das Seminar fungiert
als auswärtige Sektion der Theologischen Fakultät der Universität Szczecin/
Stettin. Wesentliche Teile der Klosteranlage können besichtigt werden.
Besonders sehenswert sind der Klostergarten, die Kirche und ein Museum.
»Musik im Paradies« heißt eine im Sommer stattfindende Konzertreihe.

i Kloster Paradies/Klasztor Paradyż: Gościkowo 3, 66-203 Jordanowo,
Tel. +48 68-3 81 10 21, xwww.paradisus.pl
Öffnungszeiten: Auskunft am Telefon oder an Informationstafeln am Tor

⑮ Dorfgeschichte – altes Grenzland zu Polen

PODMOKLE MAŁE/KLEIN POSEMUCKEL. Ganz weit hinten, ein Nest – das
meint, wer von »Posemuckel« spricht. Das Dorf gibt es wirklich, sogar
zweimal als Podmokle Małe/Klein Posemuckel und Podmokle Wielki/Groß
Posemuckel am Rand der Obra-Sümpfe, etwa drei Kilometer nordwestlich
von Babimost/Bomst. Vor allem Podmokle Małe ist sehenswert. Es war eine

ursprünglich slawische Siedlung (»podmokły« bedeutet »feucht« oder »nass«), man fischte in der Faulen Obra und betrieb Landwirtschaft. Der Ort wechselte mehrmals zwischen Polen und Brandenburg bzw. Preußen, hatte jedoch zumeist polnische Einwohner. Im 19. Jahrhundert bürgerte sich für »tiefste Provinz« das sprichwörtliche Posemuckel ein. Zu Nazi-Zeiten wurde das Dorf in Klein Posenbrück umbenannt, es kam zu Verhaftungen von polnischen Widerständlern und deren Transport in deutsche

In der Ausstellung

Konzentrationslager. Dazu gehörte auch der junge Lehrer Franciszek Sarnowski, der 1940 im KZ Sachsenhausen starb und dessen Namen die Schule am Ort trägt. Nach 1945 mussten die Deutschen das Dorf verlassen und aus Posenbrück/Posemuckel wurde wieder Podmokle. In der Schule des lebendigen 440-Seelen-Ortes wird in einem kleinem Museum an die Geschichte des Dorfes erinnert, ganz in der Nähe lädt ein frei zugängliches Freilichtmuseum mit landwirtschaftlichen Maschinen und Geräten sowie einer Windmühle aus dem 19. Jahrhundert zu einer Besichtigung ein. Eine Schautafel am Eingang berichtet von einem gemeinsamen Honigfest mit Einwohnern der Partnergemeinde Neuruppin.

i www.podmokle.pl   **i** www.szkolapodmokle.babimost.pl

⓰ Wallfahrtsort – Monument Christus König-Statue

ŚWIEBODZIN/SCHWIEBUS. Fast unwirklich erscheint die monumentale Christus König-Statue am Stadtrand von Świebodzin/Schwiebus, etwa 60 Kilometer von Frankfurt/Oder entfernt. 36 Meter groß erhebt sie sich auf einem 16 Meter hohen Hügel und ist 440 Tonnen schwer. Die Spannweite der Arme des leuchtend weißen Jesus beträgt 24 Meter, seine goldene Krone hat eine Höhe von zwei Meter. Fertiggestellt im Oktober 2010, gilt sie als die größte Christus-Statue der Welt, unberücksichtigt der Sockel oder Hügel, auf denen vergleichbare Kolossal-Statuen beispielsweise in Bolivien, Brasilien oder Peru stehen. Die als Schutzpatron der Stadt und der Pfarrkirche von Świebodzin betrachtete Figur wurde

Die gewaltige Christus-Statue

von dem polnischen Bildhauer Mirosław Kazimiercz Patecki entworfen. Die Idee dazu hatte der ortsansässige Pfarrer. Im tief religiösen Polen, in dem über 90 Prozent der Bevölkerung römisch-katholisch getauft sind, ist der an der alten polnischen Grenze demonstrativ nach Westen ausgerichtete Christus ein regelrechter Wallfahrtsort geworden. Die mehrere Millionen teure Statue wurde aus Spenden finanziert. Und so bittet man auch heute noch neben einem kleinen Gebetsplatz um finanzielle Unterstützung für ihren Erhalt.

⑰ Renaissance-Kirche – einzigartiges sakrales Denkmal

Die Kirche von Klepsk

KLĘPSK/KLEMZIG. Die Kirche von Klępsk/Klemzig – außen ein schlichter Fachwerkbau mit wuchtigem Schindel-Holzturm, innen von wundervoller Vielfarbigkeit – zählt zu den schönsten Gotteshäusern der Region. Das kleine Dorf neun Kilometer nordöstlich von Sulechów/Züllichau besitzt mit dieser Renaissance-Kirche ein herausragendes Denkmal der sakralen Kultur Mitteleuropas. Sie wurde 1576 für die örtliche evangelische Bevölkerung gebaut. Ihr dreiflügeliger Holzaltar stammt noch aus der Zeit der Gotik. Ihr Inneres, vor allem das hölzerne Tonnengewölbe, erhielt Anfang des 17. Jahrhunderts Ausmalungen mit biblischen Motiven. Die 117 kleinen, mit Inschriften erläuterten Gemälde sowie die vielen Schnitzarbeiten faszinieren die Besucher. Erhalten blieb auch die Renaissance-Ausstattung mit Kanzel, Altären, Emporen und Epitaphien.

ℹ Renaissance-Kirche: 66-111 Klępsk, Tel.+48 68-3 85 16 15

⑱ Züllichau und Frédéric Chopin

SULECHOW/ZÜLLICHAU. Chopin in Züllichau – es war eine ganz besondere Episode in der Geschichte des heutigen Sulechów und der Stadt 1958 wert, mit einer Gedenktafel am Rathaus vermerkt zu werden. Gedichtzeilen des Polen Cyprian Kamil Norwid über den berühmten Komponisten Frédéric Chopin mit dessen Lebensdaten sind darauf vermerkt. Erinnert wird daran, dass der 18-jährige Chopin mit einem

Frédéric Chopin
(1810–1849)

Freund der Familie, einem polnischen Zoologen, im Herbst 1828 mit der Postkutsche von Berlin, wo der Wissenschaftler einen Kongress besucht hatte und Chopin selbst die große Welt kennen lernen sollte, ins heimatliche Warschau zurück reiste und einen Zwischenaufenthalt in Züllichau hatte. Hier mussten die Pferde gewechselt werden. Die beiden Polen machten einen Spaziergang durch die Stadt und wurden vom Postmeister in dessen Haus eingeladen. Dort waren schon andere Gäste in einem Zimmer, in dem ein Klavier stand. Der junge Chopin setzte sich an das Instrument. Zwei bis drei Stunden, so ist überliefert, habe er in Züllichau vor begeisterten Zuhörern gespielt, unter anderem Phantasien zu polnischen Volksliedern. Seine musikalische Handschrift sollte es schließlich auch werden, mit Mazurken und Polonaisen Elemente der polnischen Volksmusik hoffähig zu machen. Der von Chopins Darbietung euphorisierte Postmeister trug den schmalen jungen Mann danach auf den Schultern zur wartenden Postkutsche. 1949 wurde in Sulechów

Erinnerung an Chopin am Rathaus

Kulturzentrum Calvinistische Kirche

zur Erinnerung an Frédéric Chopin und dessen Aufenthalt in der Stadt ein erstes Chopin-Festival veranstaltet, dem jährlich weitere nationale Wettbewerbe junger Pianisten folgten. 2009 wurde dieses namhafte Chopin-Festival wiederbelebt und findet seither auch mit deutscher Beteiligung in der aufwändig zu einem Kulturzentrum umgestalteten spätbarocken Calvinistischen Kirche statt.

⑲ Adelssitz – Wohnort und Grabstätte der letzten Reuss

TRZEBIECHÓW/TREBSCHEN. Mit dem Ort Trzebiechów/Trebschen südöstlich von Sulechów/Züllichau ist der Name der weit verzweigten Adelsfamilie Reuss verbunden, die im Ort ein im Barockstil umgebautes Renaissanceschloss mit Parkanlagen bewohnte. Heinrich VII. Prinz Reuss hatte als jüngerer Sohn aus dem väterlichen Erbe das Rittergut Trebschen im damaligen Kreis Züllichau-Schwiebus geerbt. Der Prinz zählte zur Elite der preußisch-deutschen Diplomatie der Bismarck-Zeit, war unter anderem erster Botschafter des deutschen Kaiserreiches in St. Petersburg. Ab 1894 verbrachte er in Trebschen seinen Lebensabend gemeinsam mit seiner Frau Marie Alexandrine Prinzessin Heinrich VII. Reuss, geborene Prinzessin von Sachsen-Weimar-Eisenach, Herzogin zu Sachsen. Ihr ist der Bau des einstigen Sanatoriums von Trebschen mit seiner kunsthistorisch wertvollen Innengestaltung durch Henry van de Velde zu verdanken (siehe rechts). Die beiden letzten Reuss von Trebschen sind beigesetzt auf dem Friedhof von Podlegórz/Padligar, einem Ortsteil von Trzebiechów. Das Grab liegt mit Blick zur Bergkirche, der Hauskirche der Reuss. Dieses Gotteshaus war auf den Grundmauern eines Vorgängerbaus nach Plänen des Wiener Architekten Victor

Die Reuss in Trebschen, 2. v. r. Prinzessin Marie Alexandrine Reuss

Ruhestätte der letzten Reuss in Podlegórz

Bergkirche in Podlegórz

Rumpelmayer unter Beibehaltung des Turmes errichtet worden. Viel von der alten Ausstattung blieb erhalten, so auch die vor wenigen Jahren restaurierte Sauer-Orgel. Das Reuss-Schloss wird heute als Schule genutzt. Von hier aus führt eine prächtige Lindenallee direkt zur spätklassizistischen Mariä-Himmelfahrts-Kirche von Anfang des 19. Jahrhunderts, gebaut nach einem Entwurf Karl Friedrich Schinkels. Sie ersetzte 1823 eine evangelische so genannte Grenzkirche, die für Glaubensflüchtlinge aus Schlesien und Polen errichtet worden war.

i Kontakt und Hilfe für Besichtigungen im gesamten Ort einschließlich Podlegórz: Urzad Gminy, ul. Sulechowska 2, 66-132 Trzebiechów, Tel. +48 68-3 51 41 22, urzad@trzebiechow.pl

⑳ Jugendstil-Perle – Henry van de Veldes Kunstwerk

TRZEBIECHÓW/TREBSCHEN. Einen ganz besonderen Schatz birgt ein großer Neorenaissance-Gebäudekomplex inmitten von Trzebiechów/ Trebschen südöstlich von Sulechów/Züllichau. Die Inneneinrichtung des ehemaligen Sanatoriums und heutigen Altersheimes gilt als das einzige Werk des belgischen Jugendstil-Künstlers Henry van de Velde in Polen. Seine Entdeckung im Jahr 2003 war eine Sensation, da diese Arbeit van de Veldes weder in seinem Werkverzeichnis noch in seiner Autobiografie erwähnt ist. Doch ein Enkel des langjährigen Chefarztes des späteren Tbc-Sanatoriums hatte im Schriftverkehr seines Großvaters aufschlussreiche Briefe van de Veldes gefunden und brachte nun eine Lawine ins Rollen. Kunsthistorische Forschungen setzten ein und bestätigten, dass das heutige Haus für Sozialhilfe in Trzebiechów mit Originalarbeiten des Belgiers ausgestattet ist. Seine Auftraggeberin war die in Trebschen

Rückseite des Patientengebäudes

lebende Prinzessin Marie Alexandrine Reuss (siehe S. 178), die enge verwandtschaftliche Beziehungen zum Hof in Weimar hatte, wo van de Velde von 1902 bis 1917 tätig war. Ein Zwickauer Architekt hatte in Trebschen den Bau der Physikalischen und Diätischen Kuranstalt übernommen, bestehend aus Arzthaus, Haupthaus und Verbindungsgebäude. Van de Velde entwarf im Auftrag der Fürstin Möbel, die Dekoration von Wänden und Decken, Türen, Holzverkleidungen, Fenster und Treppen. Sein eleganter Stil zeigte und zeigt sich noch im Schwung der Treppen und Türumrandungen sowie bei feinen Messingbeschlägen, einer Ober-

Treppe mit Schablonenmalerei

Türgriff im Arzthaus

lichthalle, einem Kamin, einer Einbaubank ... Auch nach 1945 dienten die Gebäude verschiedenen medizinischen Zwecken, seit 1974 ist in ihnen ein Heim für über 100 pflegebedürftige alte Menschen untergebracht. Seit der sensationellen Entdeckung wird das Haus Schritt für Schritt restauriert. So schmücken die Gänge und Treppen, die Säle und Zimmer inzwischen wieder sieben verschiedene, von van de Velde entworfene Ornamentmotive. Fenster und Wände haben ihre einstige Farbgebung wieder. Die Gebäude mit ihrer Innenausstattung sowie die Parkanlage stehen unter Denkmalschutz. Sie können nach Voranmeldung und bei Rücksichtnahme auf ihre Bewohner besichtigt werden.

i Haus der Sozialfürsorge/Dom Pomocy Społecznej: ul. Sulechowska 1, 66-132 Trzebiechów, Tel. +48 68-3 51 41 11 und +48 68-3 51 41 36, www.henryvandevelde.pl

i Kontakt für Besichtigungen: Urzad Gminy, ul. Sulechowska 2, 66-132 Trzebiechów, Tel. +48 68-3 51 41 22, urzad@trzebiechow.pl

㉑ Strömungsfähren – gemächlich über die Oder

BRODY/BLUMBERG und POMORSKO/POMMERZIG. Es ist ein netter Spaß, die Oder bei Brody/Blumberg und Pomorsko/Pommerzig einige Kilometer östlich von Krosno Odrzańskie/Crossen auf einer der beiden Strömungsfähren zu überqueren. PKW, Motorräder, Fahrräder – alles wird mitgenommen für eine gemächliche Fahrt über den Fluss. Die Fähren können sechs Tonnen

Fähre bei Brody

transportieren. Das Übersetzen ist kostenlos und man erspart sich große Umwege bei einer Weiterreise Richtung Süden. Allerdings ist ihr Betrieb abhängig von Wetter und Wasserstand.

i Auskünfte über www.zdw.zgora.pl/Ferry

㉒ Crossen und Klabund

KROSNO ODRZAŃSKIE/CROSSEN. Idyllisch gelegen und gut geeignet für Ausflüge in eine reizvolle Landschaft ist Krosno Odrzańskie/Crossen an der Oder etwa 50 Kilometer südöstlich von Frankfurt/Oder. Der hier 1890 als Sohn eines Apothekers geborene Dichter Klabund, eigentlich Alfred Henschke, liebte Crossen mit seinen Weinbergen ringsum und dem Oderhügel. Er schwärmte von der Gegend, »Wo der Bober in die

Klabund
(1890–1928)

Oder/Wo die Zeit/Mündet in die Ewigkeit«. Mit seinem Gedicht »Ode an Crossen« sowie dem Eulenspiegel-Roman »Bracke« wurde die Stadt literarisch unsterblich. Doch war der »vagabundierende Poet« aufgrund seiner provokanten Texte in seiner Heimat nicht sonderlich geschätzt. Sucht man heute nach Klabund-Spuren, so findet sich weder ein Grab noch ein Hinweis auf den einstigen Bergfriedhof, wo er 1928 bestattet worden war. Dort liegt jetzt hoch über der Oder der Stadtpark. Doch steht in der ul. Poznańska in dessen Nähe seit 2012 eine Klabund-Bank, initiiert vom engagierten Künstler-Verein Homo Artifex. Der Dichter ist als Skulptur nach Hause gekommen und schreibt seine Zeilen »Wo der Bober in die Oder ...« nun auf Deutsch und Polnisch in sein Notizbuch. Vom Stadtpark auf dem Oderhügel, wo nach 1945 eine neuer Ort entstand, geht der Blick auf den Fluss und die Promenade, die über hundertjährige Eisenbrücke, die im Krieg stark zerstörte Altstadt sowie die freistehende Marienkirche.

Brücke über die Oder

Einige Straßenzüge aus Klabunds Lebzeiten sind noch erhalten. Sein Geburtshaus gibt es nicht mehr, doch seine Schule existiert noch, direkt neben dem liebevoll restaurierten mittelalterlichen Schloss mit seinem Kunst- und Kulturzentrum und einer Tourist-Information. Crossen und Umgebung hatten vor Klabund bereits Berühmtheiten vorzuweisen, so den im nahen Kukadło/Kuckädel geborenen Georg Wenzeslaus von Knobels-

Die Klabund-Bank

dorff, Preußens namhaften Baumeister und Architekten, den zehn Kilometer nördlich in Skórzyn/Skyren begrabenen Reichskanzler Georg Leo Graf von Caprivi sowie den hier gebürtigen Pionier der Altamerikanistik und Altmexikanistik Eduard Georg Seler.

> **i** Kunst- und Kulturzentrum CAK und Tourist-Information:
> ul. Szkolna 1, 66-600 Krosno Odrzańskie, Tel. +48 68-3 83 89 94,
> www.cak-zamek.pl, Öffnungszeiten: Mai bis September Di–Fr 11–18 Uhr,
> Sa/So 12–18 Uhr; Oktober bis April Di–Fr 10–17 Uhr, Sa/So 12–17 Uhr
> Führungen im Schloss auch auf Deutsch nach Voranmeldung:
> +48 68-3 83 89 94 oder zamek.krosnoodrzanskie@o2.pl

㉓ Meridianstein – Längengrad-Zeichen am Straßenrand

KROSNO ODRZAŃSKIE/CROSSEN. Wenige Kilometer vor Krosno Odrzańskie/Crossen aus Richtung Frankfurt/Oder und Słubice/Dammvorstadt steht am Straßenrand kurz vor dem Abzweig der Straßen nach Lubogoszcz/Eichberg und Skórzyn/Skyren – fast könnte man ihn übersehen – ein grauer Stein von nicht unwesentlicher Bedeutung: Hier verläuft der 15. Meridian, der maßgeblich für die Messung der Mitteleuropäischen Zeit ist. Er befindet sich auf gleicher Linie mit Stargard Szczeciński/Stargard in Pommern im Nordwesten Polens und mit Görlitz im äußersten Osten Deutschlands.

Meridianstein kurz vor Krosno Odrzańskie

㉔ Ziebingen und Ludwig Tieck

Ludwig Tieck
(1773–1853)

CYBINKA/ZIEBINGEN. Wer Preußens »König der Romantik« Ludwig Tieck in Cybinka/Ziebingen, 25 Kilometer südöstlich von Frankfurt/Oder, begegnen will, findet am Rathaus eine Holzskulptur des Gestiefelten Katers und an der ul. Lwowska Parkmauer, Eingangstor und spärliche Fundamentreste des Ziebinger Schlosses sowie zwischen vielen anderen Bäumen auch einige alte Eichen. Im ehemaligen Johanniterdorf Ziebingen und dort auf einem schlossähnlichen Landgut lebten Tieck und seine Familie dank großzügiger Mäzene von 1801 bis 1819. Mit dem Aufenthalt des außerordentlich produktiven Dichters, Schriftstellers, Herausgebers und Übersetzers verbinden sich Legenden, die dazu führten, dass Cybinka den Gestiefelten Kater zu seinem Maskottchen machte. Tieck soll, so heißt es, sein Bühnenwerk »Der gestiefelte Kater« in Ziebingen geschrieben haben, tatsächlich aber lag es bereits 1797 vollendet vor. Es war kein Volksmärchen, sondern eine zeitkritische Komödie. Uraufgeführt wurde das Stück erst 1844 in Berlin. Mit der späten Premiere kam auch die Legende auf, dass Tiecks »Gestiefelter Kater« unter der »Tieck-Eiche« im Park von Gut Ziebingen ersonnen worden sei. Noch 1945 verkündete an solch einem alten Parkbaum eine Tafel: »Geheimer Hofrat/Johann Ludwig Tieck/geboren Berlin 31. Mai 1773/gestorben Berlin 28. April 1853/Das Volksmärchen ›Der gestiefelte Kater‹/wurde im Sommer 1797 unter/dieser Eiche geschrieben und/in einer Märchensammlung/herausgegeben.« Wirklich wahr ist,

Im einstigen Schlosspark

Skulptur des Gestiefelten Katers

dass der verheiratete Dichter in Ziebingen ein sehr enges Verhältnis zu einer Tochter seines Gastgebers pflegte und auch danach diese Dreiecksbeziehung mit den zwei sehr unterschiedlichen Frauen lebte.

㉕ Storchendorf – Adebars Refugium mit Museum

KŁOPOT/KLOPPITZ. Polnische Naturschützer gebrauchen gern den Satz: »Jeder vierte Storch ist ein Pole«, denn mehr als 52 000 der weltweit auf 230 000 geschätzten Weißstorchpaare leben im Nachbarland. Das kleine Kłopot/Kloppitz südwestlich von Cybinka/Ziebingen, nahe der Oder und des Torsos der einstigen Brücke zwischen Fürstenberg/Eisenhüttenstadt und der nun polnischen Ortschaft, gilt als das wichtigste Storchendorf in Westpolen. Zählt es doch jährlich um die 20 Weißstorchpaare, die sich hier auf Dächern und Masten in Nestern zum Brüten niederlassen. In der Umgebung gibt es ausgedehnte Feuchtwiesen und damit reichlich Nahrung für Adebar. Im alten Schulgebäude des Dorfes richtete die polnische Naturschutzliga ein Museum ein, das über die Störche und viele andere Tiere informiert, die im 8550 Hektar großen Landschaftspark Kresin/Krzesiński Park Krajobrazowy am östlichen Oderufer leben. Vom Turm hinter dem Museumsgebäude lassen sich die Störche besonders gut beobachten. Das Haus wird in Zusammenarbeit mit dem Landschaftspark auch zur Umweltbildung genutzt und dient als Jugendherberge.

ℹ️ Weißstorch-Museum/Muzeum Bociana Białego: Klopot 24, 69-108 Cybinka, Tel. +48 68-3 91 29 35, www.mbb-klopot.wixsite.com
Öffnungszeiten: April bis September 10–18 Uhr, Oktober bis März 10–16 Uhr

In Kłopot

Kleiner Sprachführer

Polnisch ist für deutsche Zungen eine Herausforderung. Doch spricht man im Nachbarland, zumal in grenznahen Gebieten, oftmals auch Deutsch und Englisch. Einige polnische Wörter und Wendungen parat zu haben, erleichtert Kontakte allerdings sehr.

Aussprache-Hilfe

ą – on wie in Balkon
c – z wie Zentrum
ć – zj Laut zwischen z und tsch
cz – tsch wie in Tschako
ch – ch wie in Schach
ę – en wie in Terrain
ie – je wie in jetzt
ł – das englische w in what
ń – nj wie in Champagner
ó – u wie Sturm
rz/ż – sh wie Journal
s – ß wie Bus (stimmlos/hart)
ś – ßj etwa wie das ch in Chemie
sz – sch wie in Schale
y – wie ein dumpfes e
z – s wie Sommer (stimmhaft/weich)
ź – das französische g wie bei Gilbert

Erste Kontakte

Guten Morgen – Dzień dobry
Guten Tag – Dzień dobry
Guten Abend – Dobry wieczór
Gute Nacht – Dobranoc
Auf Wiedersehen – Do widzenia
Hallo/Tschüß – Halo oder (gebräuch-
    licher, unter fremden Erwachsenen
    nicht üblich) Cześć
Danke – dziękuję
Bitte – proszę
Ja/Nein – tak/nie
Ich (wir) danke(n) Ihnen. –
    Dziękuję(my) panu (m.)/
    pani (w.).
Entschuldigen Sie bitte! –
    Przepraszam pana (m)/panią (w.)!
Mein Name ist ... – Nazywam się...
Wie ist Ihr Name? – Jak się pan (m.)/
    pani (w.) nazywa?

Ich komme aus Deutschland. –
    Jestem z Niemiec.
Sprechen Sie Deutsch oder Englisch?
    – Czy mówi pan (m.)/pani (w.) po
    niemiecku/po angielsku?
Ich spreche kein Polnisch. –
    Nie mowię po polsku.
Ich spreche nur wenig Polnisch.
    – Mowię tylko trochę po polsku.
Ich verstehe nicht. – Nie rozumiem.

Zeitangaben

Wann? – Kiedy?
gestern – wczoraj
heute – dzisiaj
morgen – jutro
morgens – rano
nachmittags – po południu
abends – wieczorem
Tag – dzień
Nacht – noc
Woche – tydzień
Monat – miesiąc
diese Woche – w tym tygodniu
nächste Woche – w przyszłym
    tygodniu
am Montag – w poniedziałek
am Dienstag – we wtorek
am Mittwoch – w środę
am Donnerstag – w czwartek
am Freitag – w piątek
am Sonnabend – w sobotę
am Sonntag – w niedzielę
Wie spät ist es? –
    Która (jest) godzina?

Zahlen

null – zero
eins – jeden
zwei – dwa
drei – trzy
vier – cztery
fünf – pięć
sechs – sześć
sieben – siedem
acht – osiem
neun – dziewięć
zehn – dsiesięć
hundert – sto
tausend – tysiąc

Unterwegs

Allee – aleja/Abkürzung al.
Berg – góra
Dorf – wieś
Fluss – rzeka
Gasse – uliczka
Insel – wyspa
Innenstadt/Zentrum –
  śródmieście/centrum
Platz – plac/Abkürzung pl.
See – jezioro/Abkürzung jez.
Stadt – miasto
Straße – ulica/Abkürzung ul.
Weg – droga
hier – tutaj
dort – tam
(nach) rechts – w prawo
(nach) links – w lewo
geradeaus – prosto
nah – blisko
weit – daleko
Zug/Bahnhof – pociąg/dworzec
Autobus/Bushaltestelle –
  autobus/przystanek autobusowy
Abfahrt – odjazd
Ankunft – przyjazd
Ticket – bilet
Flughafen – lotnisko
Auto – auto/samochod
Autobahn – autostrada
Ausfahrt an Autobahnen – wyjazd

Wo ist ... – Gdzie jest ...

... die nächste Raststätte? –
... najbliższa restauracja
  przy autostradzie?
... der nächste Parkplatz? –
... najbliższa parking?
... der nächste bewachte Parkplatz?–
... najbliższy parking strzeżony?
... das nächste Parkhaus? –
... najbliższy parking
  wielokondygnacyjny?
... die nächste öffentliche Toilette? –
... najbliższa publiczna toaleta?
... die nächste Tankstelle? –
... najbliższa stacja benzynowa?
Bitte volltanken! – Proszę do pełna!
Benzin (bleifrei) – bezołowiowej
Super (bleifrei) – bezołowiowej super
Diesel – ropy

Übernachtung

Hotel – hotel
Gästehaus – pensjonat
Herberge – schronisko
Unterkunft – noclegi
Zimmer – pokój
Zimmer frei – pokoje wolne
Haben Sie ein Zimmer für
  eine Nacht frei? –
  Czy ma pan (m.)/pani (w.)
  wolny pokój na jedną noc?
Wie viel kostet eine Übernachtung?
  – Ile to kosztuje?

In der Gaststätte

Biergarten – ogródek
Café – kawiarnia
Gasthof – zajazd
Restaurant – restauracja
Frühstück – śniadanie
Mittagessen – obiad
Abendessen – kolacja
Können Sie ein gutes Restaurant
  empfehlen? – Czy mógłby pan
  (m.)/ mogłaby pani (w.) polecać
  dobrą restaurację?

Bitte die Speisekarte! –
  Poproszę jadłopis.
Bitte die Weinkarte! –
  Poproszę kartę win.
Guten Appetit! – Smacznego!
Prost/Zum Wohl! – Na zdrowie!
Die Rechnung bitte! –
  Poproszę rachunek.

Getränke – napoje

schwarzer Tee – herbata czarna
Kräutertee – herbata ziołowa
Kaffee mit Milch – kawa z mlekiem
Kaffee mit Sahne – kawa ze
  śmietaniem
heiße Schokolade – gorąca czekolada
Milch – mleko
Apfelsaft – sok jabłkowy
Tomatensaft – sok pomidorowy
Mineralwasser mit Kohlensäure –
  woda mineralna gazowana
stilles Wasser – woda mineralna
  niegazowana
helles Bier – piwo jasne
dunkles Bier – piwo ciemne
Weißwein – wino białe
Rotwein – wino czerwone
Sekt – szampan

Suppe/Suppen – zupa/zupy

Barschtsch/Rote-Rüben-Suppe (mit
  Teigtaschen) – barszcz (z uszkamy)
saure Roggenmehlsuppe – żurek
Tomatensuppe – zupa pomidorowa
Kuttelsuppe – zupa z flaków

Hauptgerichte – dania głowne

Eintopf aus Sauerkraut, Weißkohl,
  Fleisch, Pilzen – bigos
Frikadelle/Boulette – kotlet mielony
Schweineschnitzel – sznycel
Rinderbraten – pieczeń wołowa
  duszona
Entenbraten – kaszka pieczona
Hähnchen – kurczak smażony
Wurst – kiełbasa
Maultaschen mit Fleisch –
  pirogi z mięsem

Maultaschen mit Sauerkraut
  und Pilzen –
  pirogi z kapustą i grzybami
Maultaschen mit Quark – pirogi ruskie
Räucherfisch – ryba wędzona
Kochfisch – ryba gotowana
Bratfisch – ryba smażona
Backfisch – ryba pieczona
Karpfen – karp
Lachs – łosoś
Forelle – pstrąg
Hering – śledź
Zander – sandacz

Beilagen – dodatki

Salat/Rohkost – surówka
Gemüse – warzywa, jarzyna
Gurkensalat mit saurer Sahne –
  surówka z ogórka ze śmietankiem
Steinpilze – borowiki
Pfifferlinge – kurki
Kartoffeln – ziemniaki
Kartoffelklöße/Knödel – knedli
Pommes frites – frytki
Reis – ryż
Nudeln – makaron

Nachtisch – deser

Eis – lody
Apfelstrudel – szarlotka

Einkaufen

Geld – pieniądze
Bank – bank
Geldautomat – bankomat
Kreditkarte – karta kredytowa
Wechselstube – kantor
Geschäft – sklep
Bäckerei – piekarnia
Konditorei – cukiernia
Fleischerei – sklep mięsny
Lebensmittelgeschäft – sklep spożywczy
Buchhandlung – księgarnia
Einkaufszentrum – centrum handlowy
Wie viel kostet das? – Ile to kosztuje?

Sehenswürdigkeiten

Tourist-Information – informacja turystyczna
Bitte einen Stadtplan! – Poproszę plan miasta!
Wann findet die nächste Stadtrundfahrt statt? – Kiedy zaczyna się następne zwiedzanie miasta autokarem?
Wann findet der nächste Stadtrundgang statt? – Kiedy zaczyna się następne oprowazenie po mieście?
Wann findet die nächste Führung in deutscher Sprache statt? – Kiedy zaczyna się następne oprowazenie po niemiecku?
Bibliothek – biblioteka
Botanischer Garten – ogród botaniczny
Brücke – most
Brunnen – studnia
Burg – zamek
Burg(ruine) – zamczysko, ruina zamku
Denkmal – pomnik
Freilichtmuseum – skansen
Friedhof – cmentarz
Geburtshaus – dom rodzinny
Gemäldegalerie – galeria obrazów
Hafen – port
Kathedrale – katedra
Kino – kino
Kirche – kościól
Kloster – klasztor
Leuchtturm – latarnia morska
Marktplaz – rynek
Museum – muzeum
Naturschutzgebiete – rezerwaty przyrody
Opernhaus – opera
Park – park
Palast – pałac
Rathaus – ratusz
Schloss – zamek
Stadion – stadion
Stadtmauer – mury miejskie
Stadttor – brama
Strand – plaża
Theater – teatr
Turm – wieża
Wald – las
Wanderweg – szlak turystyczny
Zoologischer Garten – ogród zoologiczny

Im Notfall

Hilfe! – Ratunku! Pomocy!
Polizei – policija
Pannenhilfe – pogotowie techniczne/ pomoc w przypadku awarii
Ich habe eine Panne. – Mam uszkodzoną.
Apotheke – apteka
Medikamente – leki
Arzt/Zahnarzt – lekarz/dentysta
Krankenhaus – szpital
Rettungswagen – karetka/pogotowia

Gut zu wissen, was es heißt

czynne/otwarte – geöffnet
dla kobiet/panie – für Damen
dla mężczyzn/panowie – für Herren
koniec – Ende
nie zastawiać wyjazdu – Ausfahrt freihalten
objazd – Umleitung
ostrożnie – Vorsicht
palenie wzbronione – Rauchen verboten
poszta – Post
przejazd wzbroniony – Durchfahrt verboten
prejście wzbronione – Durchgang verboten
ustep/toaleta – Toilette
uwaga – Achtung
wstep wzbroniony – Betreten verboten
wolne – frei
wyjście – Ausgang
zajęte – besetzt
zamknięte – geschlossen
zarezerwowane – reserviert

Die Grenzregion an Oder und Neiße

Deutsche Grenzländer und polnische Grenzbezirke

Die 456 Kilometer lange Grenze zwischen Deutschland und Polen von Ahlbeck und Świnoujście im Norden bis Zittau im Süden verläuft:

- im Norden zwischen dem Bundesland Mecklenburg-Vorpommern und der Wojewodschaft Westpommern/Województwo Zachodniopomorskie,
- in der Mitte zwischen dem Bundesland Brandenburg und der Wojewodschaft Westpommern/Województwo Zachodniopomorskie sowie der Wojewodschaft Lebuser Land/Województwo Lubuskie,
- im Süden zwischen dem Bundesland Sachsen und der Wojewodschaft Niederschlesien/Województwo Dolnośląskie.

Mit der Grenzziehung 1945 waren polnisch geworden:

- östlich des Oder-Mündungsdeltas große Teile Pommerns/Pomorze mit der alten Landeshauptstadt Stettin/Szczecin,
- östlich der mittleren Oder die einstige brandenburgische Neumark/Nowa Marchia mit einem großen Teil des historischen Lebuser Landes/Ziemia Lubuska,
- östlich der Neiße Teile der Niederlausitz/Dolne Łużyce und der Oberlausitz/Łużyce Górne sowie Niederschlesien/Dolny Śląsk.

Grenzfluss Oder

Die Oder, fünftgrößter deutscher Fluss, entspringt im mährischen Odergebirge in Tschechien, fließt als Odra durch Polen, macht dann einen Knick nach Norden und bildet ab Ratzdorf südlich von Eisenhüttenstadt, am Zulauf der aus dem Süden kommenden Neiße, einen großen Teil der Grenze zwischen Polen und Deutschland. Die Oder ist insgesamt 866 Kilometer lang, das Mündungsdelta mitgerechnet sind es 898 Kilometer bis Świnoujście/Swinemünde. Nach dem Passieren von Frankfurt/Oder, des Oderbruchs und des Polder-Gebietes bei Schwedt teilt sich der Fluss, dessen Mitte die Grenze markiert, bei Kilometer 704 in die beiden Arme Westoder/Odra Zachodnia und Ostoder/Odra Wschodnia. Die Westoder ist bis Mescherin Grenzfluss, ehe sie wie die Ostoder auf polnischem Territorium weiterfließt. Die wieder vereinten Flussläufe gelangen in das Stettiner Haff/Zalew Szczeciński, drei Oderarme münden dann in die Ostsee.

Oder-Mündung

Die Oder/Odra mündet, sich als Ost- und Westoder auf Höhe des Dammschen Sees/Jezioro Dąbie bei Szczecin/Stettin wieder vereinend, durch das Papenwasser/Roztoka Odrzańska in das Stettiner Haff/Zalew Szczeciński mit seiner Seegrenze und dann um die beiden Ostsee-Inseln Usedom/Uznam und Wollin/Wolin herum mit Wasserarmen in die Ostsee:

- bei Peenemünde der Peenestrom zwischen deutschem Festland und Zweiländerinsel Usedom/Uznam,
- bei Świnoujście/Swinemünde die Swine/Świna zwischen den Inseln Usedom/Uznam und Wollin/Wolin,
- bei Dziwnów/Dievenow die Dievenow/Dziwna zwischen der Insel Wollin/Wolin und dem polnischen Festland

Inseln Usedom und Wollin

Die beliebte, als »Sonneninsel« geltende Zweiländerinsel Usedom/Uznam hat eine Fläche von 445 Quadratkilometer – 373 auf deutscher, 72 auf polnischer Seite. Insgesamt leben auf dem Eiland 76 500 Menschen, allein in der polnische Hafenstadt Świnoujście/Swinemünde mit ihren 45 000 Einwohnern über die Hälfte der Inselbevölkerung. Die Insel Wollin/Wolin gilt als kleine Schwester Usedoms. Sie ist mit einer Fläche von 265 Quadratkilometer die größte Insel Polens und besitzt Erhebungen bis zu 116 Meter über dem Meeresspiegel.

Stettiner Haff

Das Stettiner Haff/Zalew Szczeciński, auch Oderhaff oder Pommersches Haff, ist eine Meeresbucht mit einer Seegrenze zwischen Deutschland und Polen. Beide Länder teilen sich den einschließlich aller Nebengewässer 903 Quadratkilometer großen Bodden, der nach der Kurischen Nehrung der zweitgrößte der Ostsee ist. Der polnische Teil wird als Großes Haff (Fläche 410 Quadratkilometer), der deutsche Teil als Kleines Haff (Fläche 277 Quadratkilometer) bezeichnet.

Oderstadt Szczecin

Die Großstadt Szczecin/Stettin an der Odermündung zum Stettiner Haff/Zalew Szczeciński ist die Hauptstadt der Wojewodschaft Westpommern/Województwo Zachodniopomorskie. Die sich hier in mehrere Flussarme teilende Oder mit ihren vielen Inseln reicht bis in das Stadtgebiet hinein. Der größte Teil Szczecins liegt am linken Westoderufer. Die über 400 000 Einwohner zählende pulsierende Metropole auf etwa 300 Quadratkilometer Fläche und siebtgrößte Stadt Polens besitzt einen der bedeutendsten Seehäfen des Ostseeraums.

Internationalpark Unteres Odertal

Südlich von Szczecin/Stettin beginnt der deutsch-polnische Internationalpark Unteres Odertal/Międzynarodowy Park Dolina Dolnej Odry. Er erstreckt sich auf gut 60 Kilometer entlang der geschützten unteren Oder auf polnischer Seite bis Mieszkowice/Bärwalde und auf deutscher Seite bis Hohensaaten. Den Kern dieser grenzüberschreitenden Schutzzone bilden der polnische Landschaftsschutzpark Unteres Odertal/Park Krajobrazowy Dolina Dolnej Odry mit seinem streng nach den Kriterien eines Nationalparks geschützten Zwischenoderland/Międzyodrze, einer rund 6 000 Hektar großen Moorfläche, und auf der westlichen Oderseite der 10 500 Hektar umfassende Nationalpark Unteres Odertal. Dieses Kerngebiet wird beiderseits von ausgedehnten Schutzzonen umgeben, so auf deutscher Seite mit der rund 18 000 Hektar großen Nationalparkregion Unteres Odertal. Zusammen mit dem etwa 30 000 Hektar großen Landschaftsschutzpark Zehden/Cedynski Park Krajobrazowy und seiner fast 53 000 Hektar großen Schutzzone umfasst der Internationalpark Unteres Odertal insgesamt rund 117 000 Hektar.

An der Oder bei Zatoń Dolna/Niedersaathen

Oderbruch

Das knapp 60 Kilometer lange und 12 bis 20 Kilometer breite Oderbruch, ein Binnendelta, erstreckt sich entlang des geregelten Flusses
zwischen den Städten Oderberg im Nordwesten und Lebus im Südosten.
Es hat eine Gesamtfläche von 920 Quadratkilometer und wird landwirtschaftlich genutzt. Der ursprüngliche Flusspolder war auf seiner
westlichen Seite ab 1735 und vor allem zwischen 1747 und 1762 unter
Preußenkönig Friedrich II. eingedeicht und trockengelegt worden. Man
begradigte die Oder. Etwa 32 500 Hektar fruchtbares Ackerland konnten gewonnen werden. Die planmäßige Besiedlung durch Kolonisten
begann 1753 in neu angelegten Straßendörfern. Ein knappes Fünftel der
Oderbruch-Fläche am Ostufer blieb als Feuchtgebiet erhalten.

Warthebruch und Warthemündung

Die Warthe/Warta ist der größte Nebenfluss der Oder und mündet gut
zehn Kilometer nach deren Eintritt in das Oderbruch in der Nähe von
Kostrzyn nad Odrą/Küstrin. Sie durchfließt vorher das Warthebruch
zwischen Gorzów Wielkopolski/Landsberg an der Warthe und Kostrzyn.
Es war eine Sumpf- und Moorlandschaft in der Neumark, die zwischen
1763 und 1767 ähnlich der des Oderbruches und gleichzeitig mit dem
Netzebruch trockengelegt wurde. Preußen erlangte dadurch 23 800 Hektar urbares Land, das von Kolonisten besiedelt wurde. An der Mündung
der Warthe liegt der etwa 8000 Hektar große Nationalpark Warthe-
mündung/Park Narodowy Ujście Warty mit von alten Flussläufen und
Kanälen durchschnittenem und zeit- und teilweise überschwemmtem
Wiesen- und Weideland.

Doppelstadt Frankfurt/Oder-Słubice

Größte Stadt auf deutscher Seite an der Oder-Neiße-Grenze ist mit
etwa 58 000 Einwohnern Frankfurt/Oder im Westen der historischen
Landschaft Lebuser Land. Auf dem anderen Flussufer liegt Słubice,
einstige Dammvorstadt oder auch Gartenstadt Frankfurts mit etwa
17 000 Einwohnern. Der Ortsname Słubice ist vermutlich von einer alten
slawischen Siedlung Zliwice/Zliwitz abgeleitet. Zwischen Frankfurt/Oder
und Słubice befinden sich die wichtigsten Grenzübergänge zwischen
Deutschland und Polen – die Autobahnbrücke der Bundesautobahn 12/
Autostrada A 2 und die Stadtbrücke über die Oder sowie der Grenz-
bahnhof im nahegelegenen Kunowice/Kunersdorf. In Frankfurt/Oder

ist die Europa-Universität Viadrina beheimatet. In Słubice befindet sich das Collegium Polonicum, eine gemeinsame internationale Lehr- und Forschungseinrichtung der Europa-Universität Viadrina und der Adam-Mickiewicz-Universität Poznań/Posen.

Grenzfluss Neiße

Die Neiße, auch Lausitzer Neiße/Nysa Łużycka, ist ein 254 Kilometer langer linker Nebenfluss der Oder. Sie entspringt mit anderen Quellflüssen im tschechischen Isergebirge. Die Lausitzer Neiße, der längste der Neiße-Flüsse, bildet bis zum Dreiländereck Deutschland-Polen-Tschechien südlich von Zittau auf etwa einem Kilometer die Grenze zwischen Deutschland und Tschechien. In ihrem weiteren Lauf nach Norden ist die Neiße dann auf 198 Kilometer deutsch-polnischer Grenzfluss, fließt durch Görlitz und die Neißeaue in Richtung Fürst-Pückler-Park bei Bad Muskau. Hinter dem Dorf Köbeln verlässt die Neiße die sächsische Oberlausitz, kommt an den Niederlausitz-Städten Forst und Guben im Brandenburgischen vorbei und mündet schließlich bei Kilometer 542,40 und damit 15 Kilometer vor Eisenhüttenstadt bei Ratzdorf in die Oder.

Muskauer Faltenbogen

Die Eiszeitlandschaft des Muskauer Faltenbogens erstreckt sich beiderseits der Neiße in Form eines Hufeisens vom brandenburgischen Döbern im Nordwesten über das südlich liegende Weißwasser und Bad Muskau in Sachsen und dann über den Fluss hinweg bis zum polnischen Trzebiel/Triebel im Nordosten. Ein Gletscher der Elstereiszeit, der Muskauer Gletscher, hatte vor 450 000 Jahren Sand- und Braunkohleschichten auf mehr als 40 Kilometer Länge zu einem kleinräumigen, weltweit nahezu einmaligen Faltenbogen gestaucht, der im 19. Jahrhundert die Grundlage für die industrielle Entwicklung dieser Gegend war. Die 580 Quadratkilometer große Fläche dieser geologischen Struktur ist ein grenzübergreifender Geopark, die Geoparks auf deutscher und polnischer Seite gehören zum European Geopark Network.

Die Lausitz mit Niederlausitz und Oberlausitz

Die Lausitz, Grenzregion zwischen Deutschland und Polen entlang der Neiße von Ratzdorf bis Zittau, bedeckt eine Fläche von etwa 13 000 Quadratkilometer und hat rund 1,3 Mio. Einwohner, davon etwa 350 000 in Polen. In der Lausitz auf deutscher Seite leben auch 60 000 Sorben, Angehörige eines kleinen westslawischen Volkes. Die relativ dünn besiedelte Niederlausitz liegt im Süden von Brandenburg und im Westen der polnischen Wojewodschaft Lebuser Land/Województwo Lubuskie. Ihre Hauptstadt auf deutscher Seite ist mit knapp 100 000 Einwohnern Cottbus, zweitgrößte Stadt Brandenburgs. Zentrum des polnischen Teils ist Żary/Sorau mit etwa 40 000 Einwohnern. Die Oberlausitz mit dem Grenzfluss Neiße von Bad Muskau bis Zittau gehört größtenteils zu Sachsen und zu einem minimalen Teil zu Brandenburg. Das Gebiet der Oberlausitz östlich der Neiße ist Territorium der Wojewodschaft Niederschlesien/Województwo Dolnośląskie. Alte Hauptstadt der Oberlausitz war Bautzen.

Doppelstadt Görlitz-Zgorzelec

Görlitz am Westufer der Lausitzer Neiße ist die östlichste Stadt Deutschlands und mit etwa 54 000 Einwohnern größte Stadt der sächsischen Oberlausitz. Seit der Grenzziehung an Oder und Neiße im Jahr 1945 entwickelte sich die einstige Oststadt von Görlitz als Zgorzelec zu einer eigenständigen polnischen Stadt mit gegenwärtig etwa 32 000 Einwohnern. Verbunden sind Görlitz und Zgorzelec durch zwei Brücken im Stadtgebiet. Sie gehören heute zur Euroregion Neiße, tragen seit 1998 den gemeinsamen Beinamen Europastadt und signalisieren damit, sich dem Gedanken der europäischen Verständigung verpflichtet zu fühlen.

Grenzüberschreitende Organisationen

Euroregion Pomerania
www.pomerania.net

Euroregion PRO EUROPA VIADRINA
www.euroregion-viadrina.de

Euroregion Spree-Neiße-Bober
www.euroregion-snb.de

Euroregion Neiße
www.neisse-nisa-nysa.org

Die Grenze an Oder und Neiße

Die Grenzen Polens, darunter die an Oder und Neiße, haben die europäische Politik fast das gesamte vergangene Jahrhundert beschäftigt. Die
heutige nachbarschaftliche Normalität zwischen Deutschen und Polen
lässt leicht vergessen, dass ihre gemeinsame Grenze viele Jahre umstrit-
ten war und erst im Resultat des von Nazi-Deutschland angezettelten
Zweiten Weltkriegs die heutige Gestalt gewonnen hat. Für das Verständ-
nis hilfreich ist ein Blick zurück in das vergangene Jahrhundert.

Nach gut zweihundert Jahren der Aufteilung Polens durch Preußen/
später das Deutsche Reich, das Kaiserreich Österreich-Ungarn und
das zaristische Russland erlangten die Polen mit dem Ende des Ersten
Weltkriegs und dem Zusammenbruch besagter europäischer Groß-
mächte ihre Staatlichkeit zurück. Die Grenzen für das unabhängige
Polen wurden 1919 mit dem Versailler Vertrag bestimmt. Im Osten sollte
die Grenze entlang der so genannten Curzon-Linie verlaufen. George
Curzon, damaliger britischer Außenminister, orientierte sich bei seinem
Vorschlag an den Siedlungsgebieten von Polen einerseits sowie Weiß-
russen und Ukrainern andererseits. Zu großen Teilen sollte der Bug nun
Grenzfluss sein. Das gerade unabhängige Polen unter der Regierung
von Józef Piłsudski ignorierte Curzons Idee, vielmehr wollte es eine
Wiederherstellung der Polnisch-Litauischen Union von vor 1791. Dieses
Ziel strebte Pilsudski zwischen 1919 und 1921 im Krieg mit dem vom
Bürgerkrieg gebeutelten Sowjetrussland an. Unter Mithilfe Frankreichs
ging Polen aus dem Waffengang als Sieger hervor und konnte mit dem
Friedensvertrag von Riga 1921 seine Gebietseroberungen sichern. Teile
Weißrusslands und der Ukraine, Territorien, die über 200 Kilometer
östlich der Curzon-Linie lagen und mehrheitlich von Weißrussen und
Ukrainern bewohnt waren, wurden Polen einverleibt. Zudem besetzten
Pilsudskis Truppen Wilna (Vilnius), im Versailler Vertrag eigentlich
dem ebenfalls gerade unabhängig gewordenen Litauen als Hauptstadt
zugesprochen. Auch im Westen hatten die Siegermächte des Ersten Weltkrieges den Grenzverlauf neu bestimmt, der die Trennung Ostpreußens
vom deutschen Reichsgebiet mit dem so genannten polnischen Korridor
zur Folge hatte. Die Hafenstadt Danzig erhielt den Status eines Freistaats
unter Oberaufsicht des Völkerbundes, dem Vorläufer der Vereinten
Nationen.

Im Ergebnis des Zweiten Weltkriegs und den Beschlüssen der alliierten
Siegermächte Sowjetunion, USA und Großbritannien in Potsdam im

27. Februar 1945 an der Oder – der erste Grenzpfahl an der neuen polnischen Westgrenze bei Zellin, später Czelin

Sommer 1945 (Potsdamer Abkommen) wurden Polens Grenzen erneut geändert. Verbunden damit war eine Westverschiebung des Landes. Im Osten bestand die Sowjetunion auf der Curzon-Linie, die mit einigen kleinen Abweichungen zugunsten Polens dann auch polnisch-sowjetische Grenze geworden ist. Im Norden wurde Ostpreußen zwischen Polen und der UdSSR aufgeteilt, wobei Moskau Königsberg und den eisfreien Hafen Pillau für sich beanspruchte. Die Hafenstadt Danzig fiel endgültig an Polen. Dessen Territorium war damit zwar kleiner als vor dem Krieg, die deutschen Ostgebiete allerdings waren trotz der Zerstörungen zivilisatorisch und infrastrukturell deutlich weiter entwickelt als die polnischen jenseits des Bug.

Im Westen vereinbarten die Siegermächte eine Linie entlang von Oder und Lausitzer Neiße, jedoch wurden die Hafenstädte Swinemünde und Stettin ungeteilt Polen zugesprochen. Da nicht nur die Grenzen neu gezogen, sondern zudem die Aussiedlung der ansässigen Deutschen aus den ehemaligen Ostgebieten angeordnet wurde, erlebte Mitteleuropa einen in der Geschichte wohl einmaligen erzwungenen Bevölkerungsaustausch. Auch die Mehrheit der Polen, die jenseits der Curzon-Linie lebte, wurde aus ihrer Heimat vertrieben. Sie sollten nun die von den Deutschen verlassenen Landschaften neu besiedeln.

Die Nachkriegsentwicklung – der aufkommende Kalte Krieg und die Teilung Deutschlands – verhinderte die mit dem Potsdamer Abkommen vorgesehene friedensvertragliche Regelung der Westgrenze Polens.

Bereits im Juli 1950 anerkannte jedoch die DDR die Oder-Neiße-Grenze als völkerrechtlich endgültig. Sie schloss mit dem damaligen Volkspolen in Zgorzelec, dem nun polnischen Teil von Görlitz, einen entsprechenden Grenzvertrag, das Görlitzer Abkommen. Kleinere Veränderungen im Grenzverlauf unter anderem auf der Insel Usedom im Nordosten folgten. Mit Beginn des Jahres 1972 vereinbarten beide Nachbarstaaten die Öffnung der Grenze für den pass- und visafreien Verkehr ihrer Bürger, der viele Möglichkeiten für den individuellen Tourismus eröffnete. Es wurden neue Schienen- und Straßenübergänge geschaffen und mehrere Bahnverbindungen eingerichtet. Mit Erstarken der oppositionellen Solidarnosc-Bewegung Anfang 1980 schloss die DDR-Regierung zeitweise die Grenze zu Polen.

Im Zuge der so genannten Neuen Ostpolitik verabschiedete sich die SPD-geführte Regierung der Bundesrepublik von der Illusion einer Grenzrevision im Osten und erkannte mit dem Warschauer Vertrag von 1970 die Oder-Neiße-Linie faktisch an. Das 2+4-Abkommen zwischen DDR und BRD einerseits und den Siegermächten des Zweiten Weltkriegs andererseits im Jahre 1990 kurz vor der deutschen Wiedervereinigung ersetzte die einst in Potsdam geforderte friedensvertragliche Grenzregelung. Dem gesamtdeutschen Souverän, dem aus den Wahlen nach der Einheit im Herbst 1990 hervorgegangenen Parlament, war es vorbehalten, mit einem Vertrag zwischen Deutschland und Polen die Oder-Neiße-Grenze nochmals völkerrechtlich als endgültig zu bestätigen.

Die größte Zäsur an dieser Grenze fand dann 2007 mit dem Beitritt des EU-Mitglieds Polen zum Schengener Abkommen statt, in dessen Folge die Personen- und Warenkontrollen an den Übergangsstellen abgeschafft und schrittweise fast alle historischen Wegbeziehungen wieder hergestellt wurden.

Christian Stelzer

Ortsregister

Personenregister

Sachregister

Bildnachweis
Fotos von Christine Stelzer, außer:

Emmerich, André/Tourismus Burg Storkow S. 133 u.
Fahr, Ekkehard S. 146 u.
Galerie Wiegehalle S. 32 o.
Gasthaus Wagner S. 92 l.
Herold, Annette S. 143 r.
Jürgens, Jenny/Tourismus Burg Storkow S. 133 o.
Kappest/Uckermark (tmu) S. 12, S. 29 (2)
Kirsch, Christian S. 31 (2), 44
Köhler, Heinz S. 163 u.l.
Lerche, Korinna S. 137 (2)
Pape, Klaus S. 24 u.l., 25
Sharpei S. 87
Stadler, Petra S. 93 o.

Stelzer, Christian S. 14, 15, 41 (2) u., 51 (2), 92 r., 94, 111, 175, 181
Stadtarchiv Frankfurt/Oder S. 163 r. u.
Tabakmuseum Vierraden S. 22 u.
Theater am Rand Zollbrücke S. 80
TMB Potsdam S. 30 o., 141
Wagner, Volkmar S. 32 u.
Wikipedia S. 16 l. (mazbin), 16 r., 26 (4 x Doris Antony), 27, 34 (Andreas Praefcke) 35 (Steschke), 37 o. (Stechke), 37 m. und 38 (Ralf Roletschek),

57 (Bundesarchiv_ Bild_102-00457),70, 73, 77, 84, 86, 104, 106 (Tobias Falberg), 112, 113, 117 (430px-Bundesarchiv_ Bild_183-1989-1027-300), 135, 139 (Phrontis), 143, 144, 145 (Magnus Manske), 149, 163, 167, 172, 177, 182 (Bundes-archiv, Bild 102-06394/ (-BY-SA)), 184
Wojter, Tadeusz S. 178 l.
www.oderfuertouristen.de S. 152
Karten: Christopher Volle, Freiburg

Zur Autorin

Christine Stelzer lebt im Osten von Meck-lenburg und mit zweitem Wohnsitz auf der vorpommerschen Zweiländerinsel Usedom/ Uznam. Sie arbeitete nach Volontariat in Berlin und Studium in Leipzig im Tageszei-tungs- und Magazinjournalismus. Seit einiger Zeit als freie Autorin mit dem Schwerpunkt Reiseliteratur tätig, erschienen von ihr im Steffen Verlag mehrere Reiseführer zu Meck-
lenburg-Vorpommern und Brandenburg sowie zu den Regionen beider-seits der Grenze Deutschlands nach Polen und Tschechien.

Dank

Bei meinen Recherchen für die Reiseführer »Deutschlands Osten – Polens Westen« habe ich viel Interesse gespürt und Unterstützung erfahren. Zu danken ist den freundlichen Touristikern beiderseits von Oder und Neiße, die manchen Tipp hatten und mich mit Informations-material versorgten. Regionalhistoriker und Museumsmitarbeiter, Natur-schützer und Pastoren, Literaturkenner und Buchhändler ließen sich von mir befragen. Großzügig wurden Fotos zur Verfügung gestellt. Möglich waren die vielen Reisen in einem breiten Korridor entlang der beiden

Grenzflüsse nur, weil ich ein stimmiges Hinterland hatte: den Steffen Verlag, der sich mit mir für dieses grenzübergreifende Projekt begeistern konnte und mein Vorhaben nach Kräften unterstützte; Freunde wie meine Vertraute Heide Hampel, die da waren, wenn ich sie brauchte; Journalisten wie Matthias Diekhoff, die mit ihrem Wissen über das Nachbarland meine Erfahrungen ergänzten. Zu ganz besonderem Dank bin ich meiner Polen-kundigen und immer hilfsbereiten Freundin Annette Herold verpflichtet, ohne sie würden die Reiseführer noch lange nicht vorliegen. Bleibt die rücksichtsvolle Familie, vor allem mein Mann und Lieblingskollege Christian: Es sind von vorn bis hinten auch seine Bücher.

Christine Stelzer

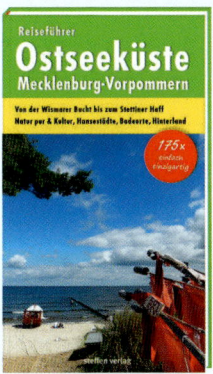

Haftungsausschluss

Die Angaben in diesem Reiseführer wurden gewissenhaft überprüft. Für die Aktualität, Korrektheit und Vollständigkeit wird keine Haftung übernommen. Aus rechtlichen Gründen wird sich von allen Inhalten der aufgeführten Internet-Seiten distanziert. Auf aktuelle und zukünftige Gestaltung, die Inhalte oder Urheberschaft der angeführten Internet-Seiten besteht kein Einfluss.

Impressum

Die Deutsche Nationalbibliothek verzeichnet diese Publikation
in der Deutschen Nationalbibliografie;
detaillierte bibliografische Daten sind im Internet
über http://dnb.d-nb.de abrufbar.

2., überarbeitete und aktualisierte Auflage 2017
© Steffen Verlag GmbH, 2014
Berliner Allee 38, 13088 Berlin
Tel.: (030) 41935008, www.steffen-verlag.de, info@steffen-verlag.de

Umschlagfoto: An der Oder bei Groß Neuendorf (Christine Stelzer)

Herstellung: STEFFEN MEDIA, Friedland – Berlin – Usedom, www.steffen-media.com

ISBN 978-3-942477-74-1